JN412038

스페인어 회화 1

HABLAMOS
CURSO DE ESPAÑOL

스페인어 회화 1

COMUNICACIÓN
GRAMÁTICA
VOCABULARIO

한국외대 스페인어과(Daniel Barajas, José María Contreras, Patricia Espinosa, Carlos Fernández, Adriana Martínez, Francisco Romo)

A1-A2

HU:iNE

머리말

오늘날 세계화 시대 속에서 외국어 학습의 중요성은 나날이 높아지고 있다. 그 중에서도 모국어 화자를 기준으로 세계에서 두 번째로 많이 쓰이는 언어인 스페인어가 특히 각광받고 있다. 한국을 비롯한 전세계 많은 곳에서 스페인어 교육이 이루어지고 있으며, 다양한 업무 환경에서도 스페인어를 구사하는 인재를 찾고 있다. 따라서 스페인어 학습의 효율과 흥미를 제고하기 위해, 학습자들의 눈높이에 맞춘 회화교재 집필의 필요성을 절감하게 되었다.

이 책은 한국을 비롯한 여러 국가에서 풍부한 교육 경험을 갖춘 교수진이 힘을 합쳐 방대한 스페인어 교재들을 분석한 후 집필하는 노고 끝에 탄생했다. 일상 생활에서 자연스럽게 소통할 수 있는 수준의 스페인어 능력을 배양하는 것이 본 교재에서 가장 중점을 두고자 하는 사항이다.

본 교재는 총 12과로 구성되며, 각 과에는 주제와 관련된 어휘와 문법 내용이 담겨 있다. 본 교재는 학습자들이 유럽 공통 언어평가 기준(CEFR) 상 A2에 준하는 수준을 갖추는 것을 목표로 한다. 각 과에서 학습자들은 짝과의 대화, 그룹 액티비티 혹은 반 전체 토론 등과 같은 다양한 활동을 통해 실생활에서의 의사소통 능력을 함양하게 된다. 또한 과마다 주제에 맞게 수록된 각기 다른 활동을 통해 언어의 4가지 영역(말하기, 듣기, 읽기, 쓰기)을 골고루 훈련하고 문법과 어휘 지식을 심화하고자 했다. 이와 더불어, 매 과에서 다뤄지는 문법 주요 포인트를 학습자들이 숙지할 수 있도록 자세한 설명과 함께 연습문제를 수록했다.

본 교재를 통해 한국인 학습자들이 유창한 스페인어 의사소통 실력을 쌓는 한편, 스페인어권 국가들의 문화와 풍습을 배울 수 있기를 희망한다.

끝으로 이 책의 교정 작업을 맡아 열성적으로 힘써준 마리아 테레사 마르티네스 가르시아 교수와 더불어, 원고 작업에 헌신적인 도움과 건설적인 조언을 보내주신 스페인어과 모든 교수진에 깊은 사의를 표한다. 책의 디자인 작업을 비롯해 이 책이 출간될 수 있도록 많은 도움을 주신 한국외국어대학교출판부의 노고에도 진심 어린 감사의 인사를 전한다.

한국외국어대학교 스페인어과

Prólogo

En el mundo globalizado en el que vivimos hoy el día, el conocimiento de idiomas es una habilidad indispensable, y el conocimiento de español es, sin lugar a dudas, algo a tener muy en cuenta. Siendo el segundo idioma más hablado del mundo (contando solo a hablantes nativos), el conocimiento de español puede aportar muchas oportunidades laborales y sociales a todos aquellos que toman la iniciativa de estudiarlo como segundo idioma, como se puede evidenciar por el creciente número de estudiantes de este idioma. Y Corea no se queda atrás. Dada la creciente demanda de profesionales con conocimientos de español en Corea, existe una mayor demanda de libros de textos con los que los estudiantes puedan aprender español de una manera natural, real, eficaz, a la par que divertida.

El manual HABLAMOS, CURSO DE ESPAÑOL es el resultado de un análisis exhaustivo de distintos libros de español por parte de profesores con amplia experiencia docente en educación universitaria, tanto en Corea del Sur como en otros países. Este manual utiliza principalmente un enfoque comunicativo para proporcionar a los estudiantes coreanos los medios necesarios para alcanzar una competencia lingüística básica que les permita desenvolverse eficazmente en situaciones del día a día.

Este manual cuenta con 12 unidades distintas, con temática, vocabulario y gramática diferentes en cada caso, y que permitirán al estudiante coreano alcanzar un nivel A2, según el Marco Común Europeo de Referencia (MCER) para las lenguas. Cada unidad contiene variadas actividades destinadas a fomentar la comunicación al permitir a los estudiantes interactuar en parejas, en grupos pequeños y con debates con toda la clase, para así mejorar sus habilidades comunicativas con contextos y actividades reales. Cada unidad incluye, además, actividades de diferente índole, lo que permite al alumno trabajar y mejorar las cuatro destrezas (expresión oral, comprensión auditiva, comprensión lectora y expresión escrita) y profundizar sus conocimientos de la gramática y del vocabulario de la lengua española. Por último, cada unidad incluye una explicación gramatical, con actividades de repaso, para que los estudiantes pueden estudiar los puntos gramaticales vistos en la unidad.

Este manual ha sido creado con la esperanza de que los estudiantes coreanos aprendan a comunicarse en español de forma rápida y eficiente, al tiempo que aprenden más sobre la cultura y las costumbres de los distintos países hispanohablantes.

Finalmente, nos gustaría expresar nuestro agradecimiento a la profesora María Teresa Martínez García por su meticulosa revisión del manuscrito, así como a los distintos profesores del departamento que han proporcionado su apoyo y comentarios constructivos para mejorar este manual desde sus inicios. También nos gustaría darle las gracias a la editorial por haber llevado a cabo una edición impecable de gran atractivo visual.

Departamento de español (Hankuk University of Foreign Studies)

CONTENIDOS

UNIDAD 01

Hola, ¿qué tal?

CONTENIDOS

Comunicación Gramática Vocabulario

- Saludar, presentarse y presentar a amigos informalmente: nombre, nacionalidad, lugar de residencia y profesión
- Confirmar y corregir información
- Preguntar sobre las palabras
- Deletrear; el abecedario

- Presente de indicativo: verbos *llamarse, ser, vivir, trabajar* y *tener*
- Interrogativos: cómo, *de dónde, dónde, qué y quién*
- Género del sustantivo y el adjetivo: masculino/femenino

- Países y nacionalidades
- Profesiones
- Cosas de clase
- Abecedario

A Presentaciones

1 **ESCUCHA** y **LEE** el diálogo entre María y David en la UNAM.

María: Hola, ¿qué tal?
David: Bien, gracias. ¿Cómo te llamas?
María: María, ¿y tú?
David: David.
María: Mucho gusto.
David: Encantado.
María: ¿De dónde eres, David?
David: Soy español. Y tú, ¿eres española?
María: No, yo soy de Argentina, de Buenos Aires.
David: ¿Y dónde vives? ¿Aquí, en Ciudad de México?
María: Sí, ahora vivo aquí. ¿Y tú?
David: Yo también.

2 **ESCUCHA** otra vez el diálogo y **RESPONDE** a las preguntas.

a. ¿Cómo se llama él? ¿Y ella?
b. ¿De dónde es David?
c. ¿Es argentina María? ¿Y David?
d. ¿Dónde vive María?
e. ¿Viven en Puebla?

PARA HABLAR

Nombre
A: ¿Cómo te llamas?
B: (Me llamo) Diego.

Origen/nacionalidad
A: ¿De dónde eres?
B: (Soy) español/a, de Madrid.

Lugar de residencia
A: ¿Dónde vives?
B: (Vivo) en Barcelona.

3 **HABLA** y **PRACTICA** con tu compañero.

Estudiante 1	Estudiante 2
1. Saluda.	2. Responde al saludo.
3. Pregunta su nombre.	4. Responde con tu nombre.
5. Pregunta su nacionalidad.	6. Responde con tu nacionalidad.
7. Pregunta su lugar de residencia.	8. Responde con tu lugar de residencia.

4 ESCUCHA y LEE el diálogo entre María, David y unos amigos.

María: David, te presento a Laura. Es mi mejor amiga.
David: Encantado, Laura.
Laura: Hola, David. Mucho gusto.
David: ¿Tú también eres argentina?
Laura: No, soy mexicana.
María: Este es mi compañero de clase. Se llama Luis.
David: Encantado.
Luis: Mucho gusto, David.
María: Y esta es Eva, otra amiga.
Eva: ¿Qué tal?
David: ¿Vivís aquí, en la capital?
Eva: Sí, todos vivimos en Ciudad de México. ¡Bienvenido!
David: ¡Gracias!

5 ESCUCHA otra vez el diálogo y RESPONDE verdadero o falso.

a. Laura es argentina. ☐ Verdadero ☐ Falso
b. Eva y Laura son amigas de María. ☐ Verdadero ☐ Falso
c. Luis es compañero de clase de Laura. ☐ Verdadero ☐ Falso
d. Eva no vive en Ciudad de México. ☐ Verdadero ☐ Falso
e. María, David, Laura, Luis y Eva son mexicanos. ☐ Verdadero ☐ Falso

PARA HABLAR

Presentar a un/a amigo/a

A: Mónica, te presento a Pedro.
B: Encantada.

A: Este es Alberto.
B: Mucho gusto, Alberto.

Confirmar y corregir información

A: ¿Eres peruano?
B: No, soy español.

A: ¿Vivís aquí?
B: Sí, vivimos aquí.

6 PREGUNTA y RESPONDE a tu compañero.

1. ¿Nombre?
2.
3. ¿Nacionalidad?
4.
5. ¿Lugar de residencia?
6.

1. ¿Nombre?
2.
3. ¿Nacionalidad?
4.
5. ¿Lugar de residencia?
6.

B Y tú, ¿qué haces?

ESCUCHA y **LEE** el diálogo entre Carlos, Lola y Celia.

Carlos: Lola, ¿tú qué haces?
Lola: Soy estudiante.
Carlos: ¿De verdad? Y ¿qué estudias?
Lola: Estudio Derecho y Economía en la Universidad de Sevilla.
Carlos: Y tú, Celia, ¿estudias o trabajas?
Celia: Trabajo en un restaurante, soy camarera.
Lola: Y tú, Carlos, ¿a qué te dedicas?
Carlos: Soy médico, trabajo en un hospital privado.
Celia: Interesante...

ESCUCHA otra vez y **RESPONDE** a las preguntas. **CONFIRMA** o **CORRIGE** la información si es necesario.

a. ¿Dónde trabaja Celia?
b. ¿Trabaja Carlos en un hospital público?
c. ¿Qué y dónde estudia Lola?
d. ¿A qué se dedica Carlos?
e. ¿Es Celia cocinera?

PARA HABLAR

Profesión

A: ¿Qué haces?
B: Soy abogado/a.

A: ¿Estudias o trabajas?
B: Estudio.

A: ¿A qué te dedicas?
B: Soy profesor/a.

3 **HABLA** y **PRACTICA** con tu compañero siguiendo el ejemplo.

Estudiante 1

1. ¿Qué haces? ¿Estudias o trabajas?
3. ¿Qué estudias?
5. ¿Dónde (estudias)?
7. Y tus padres, ¿a qué se dedican?

Estudiante 2

2. Estudio.
4. Español y Comercio Internacional.
6. Aquí. // En esta universidad.
8. Mi padre es médico; mi madre, abogada.

4 **ESCUCHA** y **LEE** la conversación entre una profesora de español y sus estudiantes

Elena: Bora, ¿cómo se dice *alphabet* en español?
Bora: Se dice "alfabeto".
Elena: Muy bien.
John: O "abecedario"...
Elena: ¿Cómo?
John: También se dice "abecedario".
Elena: ¿Y cómo se deletrea la palabra "abecedario"?
John: a, be, e, ce, e, de, a, erre, i, o.
Elena: Bien, ¿y cómo se escribe, con be o con uve?
Bora: ¡Con be!

5 **ESCUCHA** otra vez y **RESPONDE** a las preguntas. **CONFIRMA** o **CORRIGE** la información si es necesario.

a. ¿Cómo se dice "alfabeto" en inglés?
b. ¿Cómo se dice también "alfabeto" en español?
c. ¿Deletrea Bora la palabra "abecedario"?
d. La palabra "alfabeto" se escribe con uve, ¿verdad?
e. ¿Cómo se llama la profesora?

PARA HABLAR 

Preguntar sobre las palabras

A: ¿Cómo se dice *hello* en español?
B: (Se dice) "Hola". / No (lo) sé.

A: ¿Cómo se escribe "hola"? ¿Con hache?
B: Sí, (se escribe) con hache.

A: ¿Cómo se deletrea (la palabra) "hola"?
B: (Se deletrea) Hache, o, ele, a.

A: ¿Cómo se pronuncia (la palabra) "hola"?
B: (Se pronuncia) "Hola".

6 **ESCRIBE** los nombres de los siguientes objetos y **PIENSA** en otros dos objetos diferentes. **PREGUNTA** a tu compañero o a tu profesor/a.

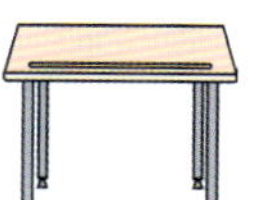

Estudiante 1

1. ¿Cómo se dice esto en español?
3. ¿Y cómo se escribe/deletrea?

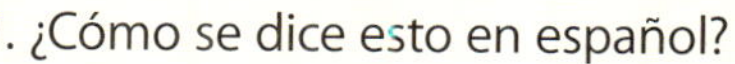

Estudiante 2

2. Se dice...
4. Se escribe con.../sin... Se deletrea...

C El abecedario

1 **ESCUCHA** y **REPITE** las letras del abecedario y las palabras.

A	a	a	Alemania
B	b	be	Bélgica
C	c	ce	Corea
D	d	de	Diego
E	e	e	Ecuador
F	f	efe	Francisco
G	g	ge	Granada
H	h	hache	Honduras
I	i	i	Isabel
J	j	jota	Javier
K	k	ka	Tokio
L	l	ele	Lorena
M	m	eme	Madrid
N	n	ene	Natalia

Ñ	ñ	eñe	España
O	o	o	Óscar
P	p	pe	Portugal
Q	q	cu	Quito
R	r	erre	Rafael
S	s	ese	Seúl
T	t	te	Toledo
U	u	u	Uruguay
V	v	uve	Venezuela
W	w	uve doble	Washington
X	x	equis	Félix
Y	y	i griega, ye	Yacarta
Z	z	zeta	Zamora

5 vocales + 22 consonantes = 27 letras

2 **ESCRIBE** las palabras de la tabla en la columna correspondiente. Después, **DELETRÉALAS y LÉELAS** en voz alta.

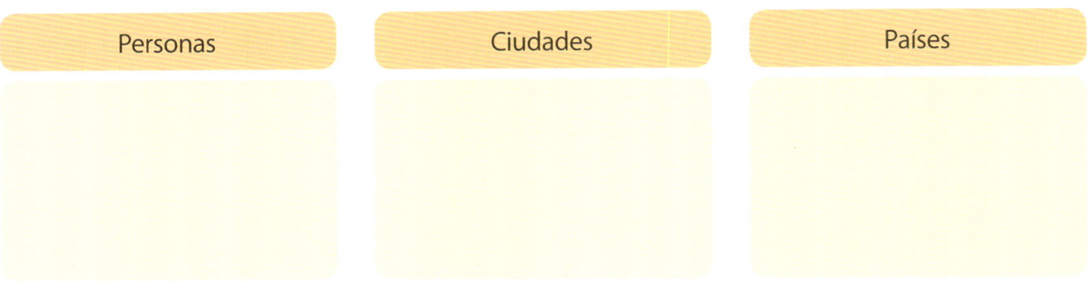

Personas	Ciudades	Países

3 **ESCUCHA** la primera letra. **DI** tu nombre y **DELETRÉALO**.

Profesor/a: Eme.

Estudiante 1: ¡Yo! María: eme, a, ere, i, a.
Estudiante 2: ¡Y yo! Miguel: eme, i, ge, u, e, ele.

Más vocabulario

1 **LEE** las palabras del cuadro y **ESCRÍBELAS** debajo de la imagen correspondiente.

futbolista · piloto · panadero/a · taxista · arquitecto/a · peluquero/a

a. b. c. d. e. f.

2 **ESCRIBE** la profesión correspondiente y **COMPLETA** las oraciones.

¿Qué hace un/una...? ¿Dónde trabaja un/una...?

a. Él/la .... trabaja en una panadería. Hace pan.
b. Él/la .... juega al fútbol.
c. Él/la .... trabaja en una peluquería. Corta el pelo.
d. Él/la .... diseña edificios.
e. Él/la .... conduce un taxi.

3 **ESCRIBE** las palabras en el grupo correspondiente.

estudiante · guatemalteco/a · ordenador · estudiar · a · puertorriqueño/a · eñe · lápiz · periodista · entender · equis · papel · ingeniero · uve doble · escuchar · bolígrafo · músico · costarricense · escribir · chileno/a · leer · tenista · libro · estadounidense · hache

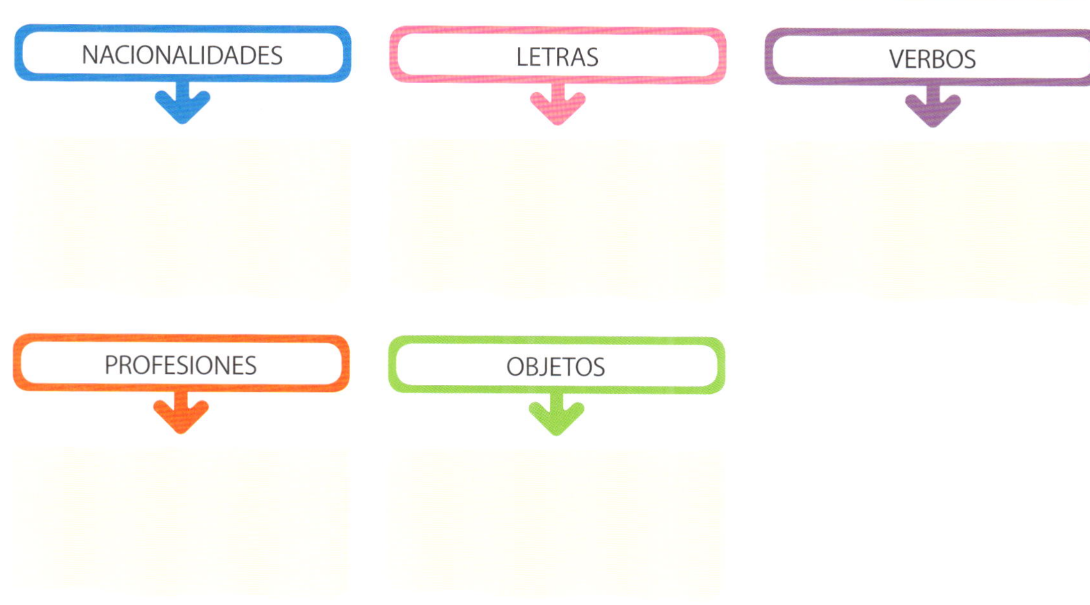

Más gramática

Género: masculino y femenino de nacionalidades y profesiones

Masculino	Femenino
argentino	argentina
portugués	portuguesa
peluquero	peluquera
profesor	profesora

Masculino	Femenino
israelí	israelí
canadiense	canadiense
taxista	taxista
estudiante	estudiante

ESCRIBE las nacionalidades y los nombres de los países correspondientes.

a. Él es ______ Ella es ______ Son de **Corea**.
b. Él es ______ Ella es **mexicana**. Son de ______
c. Él es **hondureño**. Ella es ______ Son de ______
d. Él es ______ Ella es ______ Son de **Chile**.
e. Él es ______ Ella es **guatemalteca**. Son de ______

f. Él es ______ Ella es ______ Son de **Canadá**.
g. Él es ______ Ella es **costarricense**. Son de ______
h. Él es ______ Ella es ______ Son de **Estados Unidos**.
i. Él es **nicaragüense**. Ella es ______ Son de ______

j. Él es ______ Ella es ______ Son de **Israel**.
k. Él es ______ Ella es **marroquí**. Son de ______
l. Él es **iraní**. Ella es ______ Son de ______

m. Él es **español**. Ella es ______ Son de ______
n. Él es ______ Ella es ______ Son de **Francia**.
ñ. Él es **inglés**. Ella es ______ Son de ______
o. Él es ______ Ella es **alemana**. Son de ______
p. Él es ______ Ella es ______ Son de **Holanda**.

ESCRIBE el nombre de la profesión en masculino o en femenino.

a. **María** quiere tocar el piano y dar conciertos por todo el mundo. Quiere ser ______
b. **Leo** quiere escribir en los periódicos y trabajar en la radio. Quiere ser ______
c. **Celia** quiere jugar al tenis. Quiere ser ______
d. **Ricardo** quiere ser como Enrique Iglesias. Quiere ser ______
e. **Lucía** quiere actuar en los mejores teatros del mundo. Quiere ser ______
f. **Sara** quiere tener sus propias empresas. Quiere ser ______
g. **Sergio** quiere construir edificios con sus propias manos. Quiere ser ______
h. **Laura** quiere curar animales. Quiere ser ______
i. **Marcos** quiere ser el primer hombre en llegar a Marte. Quiere ser ______
j. Y **yo**, ¿qué quiero ser de mayor? Mmm, quiero ser ______

UNIDAD 01

Verbos *ser* y *llamarse*

	SER
(Yo)	**soy**
(Tú)	**eres**
(Él/Ella/Usted)	**es**
(Nosotros/as)	**somos**
(Vosotros/as)	**sois**
(Ellos/Ellas/Ustedes)	**son**

	LLAMARSE
(Yo)	**me llamo**
(Tú)	**te llamas**
(Él/Ella/Usted)	**se llama**
(Nosotros/as)	**nos llamamos**
(Vosotros/as)	**os llamáis**
(Ellos/Ellas/Ustedes)	**se llaman**

3 **FORMA** diez oraciones diferentes tomando un elemento de cada columna.

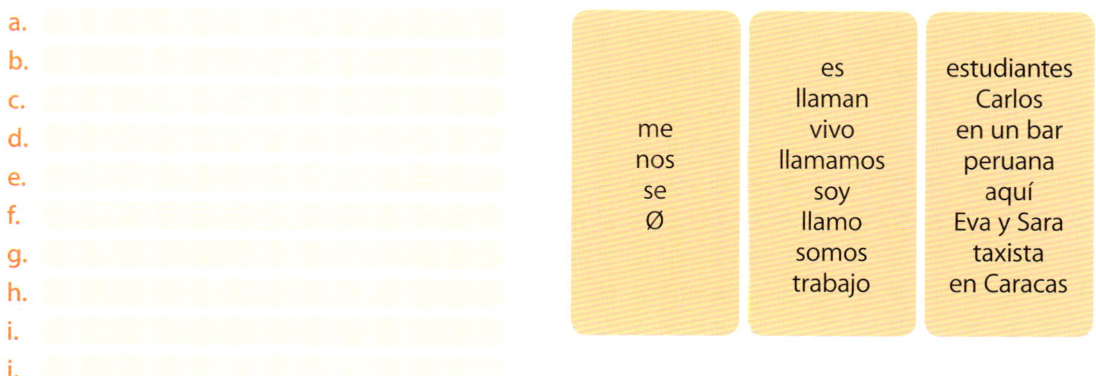

Verbos *trabajar* y *vivir*

	TRABAJAR
(Yo)	**trabajo**
(Tú)	**trabajas**
(Él/Ella/Usted)	**trabaja**
(Nosotros/as)	**trabajamos**
(Vosotros/as)	**trabajáis**
(Ellos/Ellas/Ustedes)	**trabajan**

	VIVIR
(Yo)	**vivo**
(Tú)	**vives**
(Él/Ella/Usted)	**vive**
(Nosotros/as)	**vivimos**
(Vosotros/as)	**vivís**
(Ellos/Ellas/Ustedes)	**viven**

4 **COMPLETA** las presentaciones con los verbos conjugados correctamente.

a. Me ________ Sandra. ________ española. ________ en Bilbao. ________ en un hospital, ________ enfermera.

b. Estefanía ________ colombiana, pero ________ en Boston. ________ profesora, ________ en una universidad.

5 **COMPLETA** las preguntas con el interrogativo adecuado.

a. ¿________ vives?
b. ¿________ se llaman?
c. ¿De ________ son?
d. ¿________ tal?
e. ¿________ haces?
f. ¿________ trabajas?

Más comunicación

1 **ESCUCHA** la presentación de estas cuatro personas. **RELACIONA** cada presentación con su fotografía correspondiente y **COMPLETA** la tabla.

A Presentación .....

B Presentación .....

C Presentación .....

D Presentación .....

	A	B	C	D
Nombre				
Nacionalidad				
Ciudad				
País				
Profesión				

2 **IMAGINA** que eres una persona muy famosa. **COMPLETA** la ficha con tus datos, **PREGUNTA** sus datos a tu compañero y preséntaselo a todos.

Nombre:
Apellido:
Nacionalidad:
Lugar de residencia:
Profesión:

Se llama Alejandro Sanz. Es un cantante español muy famoso, pero vive en Miami.

3 **PIENSA** cinco palabras importantes para ti. ¿Sabes cómo se dicen en español? **PREGUNTA** a tu compañero o a tu profesor/a y **LÉELAS** en voz alta.

Amistad, libros, novia, viajar, padres.

¿Cómo se dice "novia" en coreano?

UNIDAD 02

¡Mucho gusto!

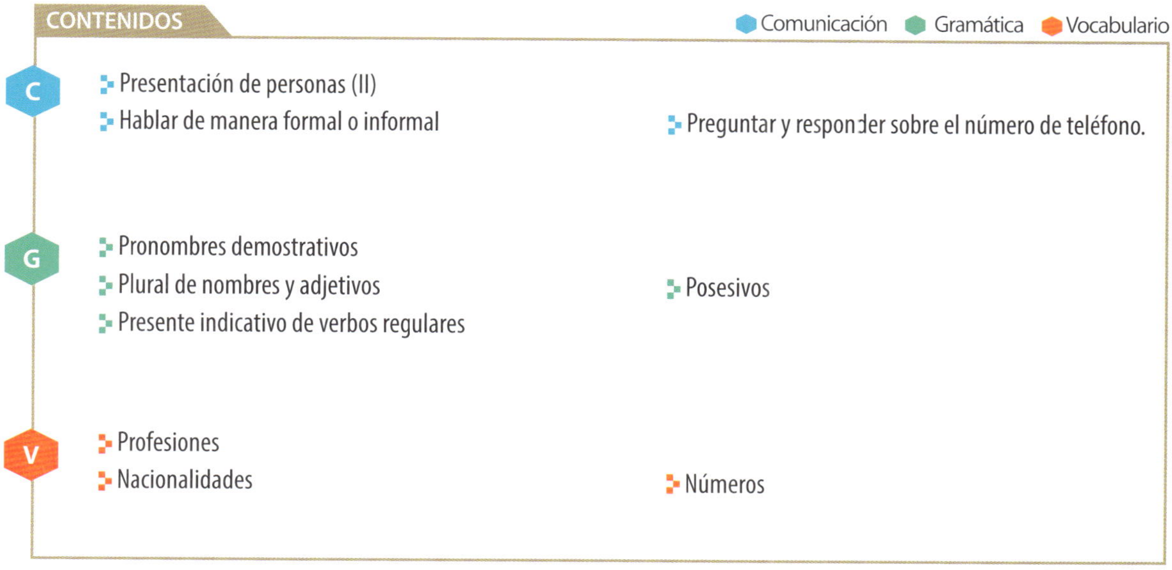

CONTENIDOS

Comunicación · Gramática · Vocabulario

C

- Presentación de personas (II)
- Hablar de manera formal o informal
- Preguntar y responder sobre el número de teléfono.

G

- Pronombres demostrativos
- Plural de nombres y adjetivos
- Presente indicativo de verbos regulares
- Posesivos

V

- Profesiones
- Nacionalidades
- Números

A Estos son mis amigos

ESCUCHA y **LEE**. Describiendo a los amigos de Luciana.

Luciana es de Roma, Italia, pero vive en España. Estudia español en una universidad de Madrid. Ahora ella habla de sus amigos.

Hola, ¿qué tal? Estos son mis amigos. Nosotros estudiamos español en una universidad de Madrid.

Esta es Satoko. Es de Tokio, Japón. Satoko trabaja en un restaurante. Es camarera. Ella vive con una familia española.

Estas son Mary y Ana. Son estadounidenses, de Nueva York. Ellas son profesoras de inglés. Trabajan en un instituto. Mary y Ana son compañeras de piso.

Estos son Paulo y Roberto. Los dos son brasileños y trabajan en una cafetería. Son baristas. Viven en el dormitorio de la universidad.

Y yo soy italiana. Ahora no trabajo. Yo vivo con una amiga italiana.

LEE otra vez y **ESCRIBE** la respuesta completa.

a. ¿Cómo se llaman los cinco amigos de Luciana?
b. ¿De dónde son Mary y Ana?
c. ¿Qué hacen Paulo y Roberto?
d. ¿Dónde viven Luciana y sus amigos?

3 **COMPLETA** el cuadro con la información anterior.

NOMBRE(S)	PROCEDENCIA	NACIONALIDAD	TRABAJO	RESIDENCIA
Luciana				Vive en Madrid.
	Es de Tokio, Japón.			
		Son estadounidenses.		
			Son baristas.	

PARA HABLAR

Presentar a personas o indicar cosas

	Singular	Plural
Masculino	este	estos
Femenino	esta	estas

Este es Roberto.
Estas son Mary y Ana.
Estos son mis amigos
Esta es una foto de mis amigos.

4 **COMPLETA** las presentaciones.

_______ son mis amigos.
_______ son Luis y Daniela.

_______ es Cristian.
y _______ soy yo.
_______ son Carolina y Alejandra.

5 **PRACTICA** con tu compañero. **PRESENTA** a estas personas como en el ejemplo.

Estos son Michelle y Barack Obama.
Son estadounidenses.
Él es de Honolulu y ella es de Chicago.
Viven en Washington D. C.
Son abogados.

a 

b 

c 

B Te presento a...

1 **ESCUCHA** y **LEE** el diálogo. Paulo y Roberto hablan con dos estudiantes **españolas.**

Clara: ¡Hola! Vosotros estudiáis en esta universidad, ¿no?
Roberto: Sí, estudiamos español, ¿qué tal?
Clara: Yo también estudio aquí. Me llamo Clara. Y vosotros, ¿cómo os llamáis?
Paulo: Él se llama Roberto y yo me llamo Paulo.
Clara: Mucho gusto. ¿De dónde sois?
Roberto: Somos brasileños.
Paulo: ¿Eres de Madrid?
Clara: No, vivo aquí en Madrid, pero soy de Barcelona.
Paulo: ¿Y qué estudias?
Clara: Economía.
Sara: Hola, Clara. ¿Cómo estás?
Clara: Bien. Mira, te presento a Paulo y a Roberto.
Os presento a Sara, mi compañera de clase.
Roberto: Hola, Sara, mucho gusto.
Sara: Un placer.
Paulo: Encantado, Sara.

2 LEE otra vez y CONTESTA verdadero o falso.

a. Clara es española.	☐ Verdadero	☐ Falso
b. Clara vive en Barcelona.	☐ Verdadero	☐ Falso
c. Paulo y Roberto estudian Económicas.	☐ Verdadero	☐ Falso
d. Clara presenta a Sara.	☐ Verdadero	☐ Falso
e. Clara presenta a Paulo y a Roberto.	☐ Verdadero	☐ Falso

PARA HABLAR

- **Presentar informalmente:**

Te presento a…
Os / Les presento a…

Clara: Sara, te presento a Paulo y a Roberto.
Clara: Paulo y Roberto, os presento a Sara. / Paulo y Roberto, les presento a Sara.

- **Responder a una presentación:**

Mucho gusto. / Encantado(a). / Un placer.

- **Saludos informales:**

Hola, ¿cómo estás? / ¿Qué tal?

3 ESCUCHA y LEE. Los profesores nuevos.

Secretaria: Buenos días, señora Flores, ¿cómo está?
Directora: Buenos días. Bien, gracias, ¿y usted?
Secretaria: Bien; le presento a los profesores nuevos: Jesús Sánchez y Miguel Valle. Profesores, les presento a la señora Flores, la directora del Departamento de Español.
Jesús Sánchez: Encantado.
Miguel Valle: Es un placer.
Directora: Igualmente. Bienvenidos.

PARA HABLAR

- **Para presentar formalmente:**

Le presento a… — *Secretaria:* Señora Flores, le presento a los profesores.
Les presento a… — *Secretaria:* Profesores, les presento a la señora Flores.

- **Saludo formal:** ¿Cómo está?
- **Más saludos formales:** Buenos días / Buenas tardes / Buenas noches

- **Para hablar formal o informalmente con una persona**

A: ¿Hablamos de *tú* o *usted*?
B: De *usted* / *tú*, por favor.

4 ESCUCHA y OBSERVA.

TÚ (conversación informal)	USTED (conversación formal)
¿Cómo **estás**?	¿Cómo **está**?
Te presento a Marta	**Le** presento a Marta
¿Eres mexicano?	**¿Es** mexicano?
¿Cómo **te llamas**?	¿Cómo **se llama**?
¿Cuál es **tu** apellido?	¿Cuál es **su** apellido?

5 **LEE** y **ESCRIBE** *T* si la conversación es de *tú* o *U* si la conversación es de *usted*. Después, **ESCRIBE** cómo se diría utilizando la otra forma.

a. Su nombre, por favor.
b. ¿Eres camarero?
c. ¿Cuál es tu nacionalidad?
d. ¿De dónde es?
e. Tu profesión, por favor.
f. ¿Cómo se apellida?
g. También hablas portugués, ¿no?
h. ¿A qué se dedica?

C Números

1 Escucha y repite los números del 0 al 9

0 cero	1 uno	2 dos	3 tres	4 cuatro
5 cinco	6 seis	7 siete	8 ocho	9 nueve

2 **LEE** y **ESCRIBE** el resultado.

+ (más), - (menos), x (por), ÷ (entre) = (igual)

a. nueve - cinco =

b. tres x dos =

c. siete + uno =

d. ocho ÷ dos =

e. tres x tres =

f. seis - cinco =

g. cuatro ÷ dos =

h. uno + cero =

PARA HABLAR

Para preguntar y decir el número de teléfono:

A: ¿Cuál es tu número de teléfono? (informal)
¿Cuál es su número de teléfono? (formal)

B: (Mi número de teléfono) Es el 654 41 49 80.

3 **PREGUNTA** y **ESCRIBE** el nombre y número de teléfono de cinco compañeros.

NOMBRE	NÚMERO DE TELÉFONO
a. ______	______
b. ______	______
c. ______	______
d. ______	______
e. ______	______

Más vocabulario

1 Lee los nombres de los lugares.

a. oficina

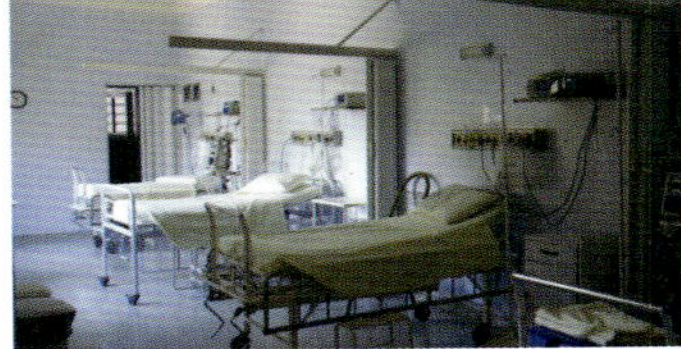

b. hospital

c. universidad

d. tienda

e. hotel

f. restaurante

2 **RELACIONA** las profesiones con los lugares anteriores y **COMPLETA** el cuadro.

a. camarero

b. cajera

c. dependiente

d. secretaria

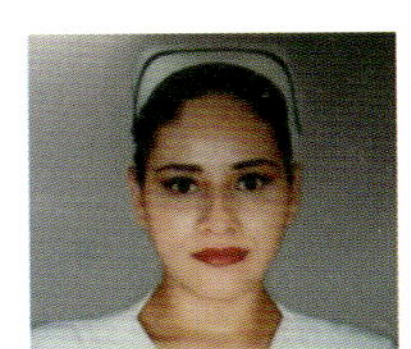

e. enfermera

f. cocinera

g. profesora

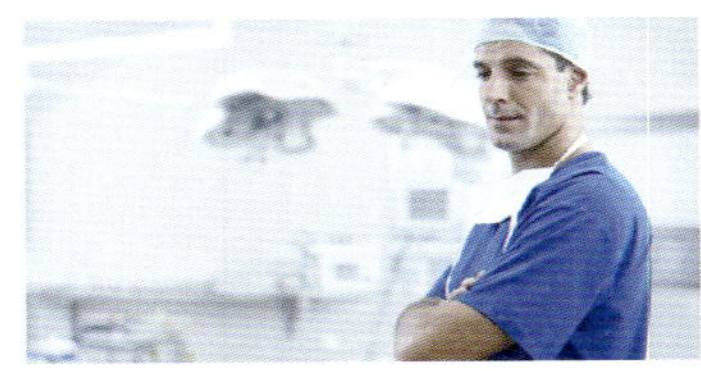

h. médico

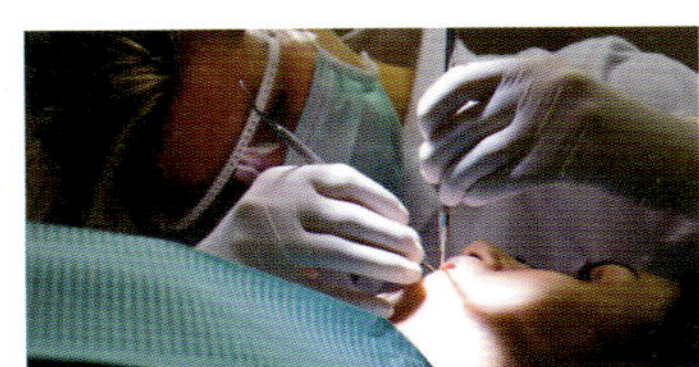

i. dentista

Trabaja en					
una oficina	un hospital	una universidad	un restaurante	una tienda	un hotel
secretaria					

Más gramática

UNIDAD 02

Demostrativos

	Singular	Plural
Femenino	esta	estas
Masculino	este	estos

1 **COMPLETA** las presentaciones con el demostrativo adecuado.

a. ______ es Miguel.
b. ______ son Pablo y Luis.
c. ______ es Cecilia.
d. ______ son Pilar y Rosa.
e. ______ son Patricia y José.

El plural de nombres y adjetivos

SINGULAR (termina en vocal)	PLURAL + -s	SINGULAR (termina en consonante)	PLURAL + -es
secretaria	secretarias	profesor	profesores
camarera	camareras	actor	actores
dependienta	dependientas	escritor	escritores
estudiante	estudiantes	profesión	profesiones
italiana	Italianas	holandés	holandeses
argentino	argentinos	japonés	japoneses

2 **ESCRIBE** el plural de las siguientes palabras.

a. colombiana ______
b. abogado ______
c. japonés ______
d. doctor ______
e. francesa ______
f. camarero ______
g. alemán ______
h. director ______

Posesivos

Persona	Primera (yo)	Segunda (tú)	Tercera (él/ella/usted)
Singular	mi	tu	su
Plural	mis	tus	sus

3 **COMPLETA** con los posesivos adecuados.

a. –Carlos, ¿cuál es ________ apellido?
–**Mi** apellido es Sánchez.

b. –Alicia, ¿esos son ________ compañeros de clase?
–Sí, ellos son **mis** compañeros de clase.

c. –Señora Flores, ¿cuál es ________ número de móvil?
–**Mi** número es el 56562019.

Conjugación de verbos regulares en presente de indicativo

Pronombres	TRABAJAR	VENDER	ESCRIBIR
(Yo)	trabaj**o**	vend**o**	escrib**o**
(Tú)	trabaj**as**	vend**es**	escrib**es**
(Él / ella / usted)	trabaj**a**	vend**e**	escrib**e**
(Nosotros / nosotras)	trabaj**amos**	vend**emos**	escrib**imos**
(Vosotros / vosotras)	trabaj**áis**	vend**éis**	escrib**ís**
(Ustedes / ellos / ellas)	trabaj**an**	vend**en**	escrib**en**

CONJUGA y **ESCRIBE** los verbos entre paréntesis en presente de indicativo.

a. La secretaria (recibir) ________ muchos correos electrónicos.
b. La enfermera y el médico (trabajar) ________ en el hospital.
c. En este restaurante (ellos, vender) ________ una paella muy sabrosa.
d. ¿Dónde (vosotros, estudiar) ________ francés?
e. Los baristas (preparar) ________ diferentes tipos de café.
f. Los camareros (llevar) ________ la comida a la mesa.
g. La recepcionista del hotel (hablar) ________ cuatro lenguas.

5 **COMPLETA** las presentaciones con el verbo adecuado.

a. ________ es Sergio. ________ de Buenos Aires, Argentina. Ahora ________ en Barcelona, España. ________ cocinero, ________ en un restaurante.

b. ________ Marta. ________ mexicana, de Cancún. ________ estudiante de inglés y también ________ recepcionista en un hotel. ________ español, inglés y un poco de francés.

c. ________ son José y Gabriel. ________ peruanos, ________ en la ciudad de Lima. Los dos ________ cajeros ________ en un banco.

d. ________ son Isabel y Sofía. ________ de Madrid, España. ________ amigas y también ________ compañeras de clase. ________ Administración en la universidad.

Más comunicación

ESCUCHA y **ESCRIBE** los números de teléfono.

a. Sofía:
b. Restaurante francés:
c. Señor Hugo:
d. Dentista:
e. Pizzería:

ESCUCHA la conversación y **COMPLETA** el cuadro.

	PROCEDENCIA	TRABAJO	ESTUDIOS	NÚMERO DE TELÉFONO
Silvia			________	________
Juan			________	
Norma y Carla				

3 **HABLA** de dos de tus mejores amigos y preséntalos con una foto en la clase.

NOMBRES
PROCEDENCIA
NACIONALIDAD
RESIDENCIA
ESTUDIOS
TRABAJO

Os presento a mis amigos...y... / este es...y esta es...
Los dos son de...
Es... / Son...
Estudia(n)...en
(No) Trabajan

UNIDAD 03

Al fondo a la derecha

CONTENIDOS

Comunicación Gramática Vocabulario

- Describir una vivienda y sus habitaciones
- Localizar objetos y espacios

- Verbos irregulares: *estar, poner y tener*
- Género y número en los artículos determinados
- Género y número en los adjetivos
- Locuciones locativas
- Locuciones preposicionales de lugar: *encima de, debajo de, al lado de, a la derecha/izquierda de, delante de, detrás de...*

- Nombre de las habitaciones de una vivienda
- Mobiliario y objetos de la casa
- Vocabulario para describir una casa (adjetivos)
- Números ordinales y cardinales

A Alquilar un piso

ESCUCHA y **LEE** el diálogo. Guadalupe busca un piso de alquiler. **ESCRIBE** el nombre de las habitaciones.

Agente:	Adelante, por favor. Este es el piso del anuncio. Es muy grande. Ahora estamos en el recibidor. A la izquierda está el dormitorio de matrimonio. A la derecha está el salón.
Guadalupe:	¿El dormitorio tiene cuarto de baño?
Agente:	No, el cuarto de baño está aquí, a la derecha.
Guadalupe:	Es un poco pequeño.
Agente:	Un poco, pero es muy moderno.
Guadalupe:	Y la cocina ¿dónde está?
Agente:	La cocina está a la derecha del baño. Es muy bonita y muy práctica.
Guadalupe:	Entiendo. ¿Cuánto es el alquiler?
Agente:	El alquiler son 400€ al mes.

ESCUCHA otra vez y **RESPONDE** verdadero o falso.

a. El salón es grande y luminoso.	☐ Verdadero	☐ Falso
b. El dormitorio tiene cuarto de baño.	☐ Verdadero	☐ Falso
c. El piso tiene dos dormitorios.	☐ Verdadero	☐ Falso
d. La cocina está delante del dormitorio.	☐ Verdadero	☐ Falso

PRACTICA con tu compañero. **DIBUJA** tu casa. **DESCRÍBELA**. Tu compañero tiene que dibujar la casa. **COMPARA** los dos dibujos. ¿Son iguales? ¿No? ¿En qué no son iguales?

4 **ESCUCHA** y **LEE** el diálogo.

Guadalupe: Hola, buenos días. Quiero información sobre el piso de la calle Perú.
Agente: El piso de la calle Perú es muy bonito. Es muy moderno, ¡y tiene terraza!
Guadalupe: ¿Cuántas habitaciones tiene?
Agente: Tiene dos habitaciones. El piso es muy grande. Tiene un recibidor muy luminoso. A la derecha del recibidor hay dos dormitorios. A la izquierda del recibidor está la cocina. Al fondo del recibidor está el salón.
Guadalupe: Y ¿no tiene lavabo?
Agente: ¡Ah sí, claro! Tiene un lavabo. El lavabo está entre las dos habitaciones.
Guadalupe: ¿Y la cocina? ¿Dónde está?
Agente: Al fondo del salón. Es muy grande y bonita.

5 **ESCUCHA** otra vez y **DIBUJA** un plano de la casa. **COMPARA** tu plano con el plano de tu compañero, ¿se parecen?

PARA HABLAR

Describir una vivienda: verbos *ser* y *tener*

- **Preguntar:**

¿Cómo es la casa?
¿Cuántas habitaciones tiene?
¿Cuántos dormitorios tiene?

- **Responder.**

La casa es grande y bonita.
El piso es moderno y tiene tres habitaciones.

Localizar espacios.

- **Preguntar:**

*¿**Dónde está** [el dormitorio/el baño/el lavabo…]?*
*¿Y la cocina, **dónde está**?*

- **Responder.**

El dormitorio está [a la derecha/a la izquierda/al fondo…] del recibidor.
La cocina está a la izquierda del salón.

ATENCIÓN

A + EL = **AL** DE + EL = **DEL**

B El nuevo piso

ESCUCHA y **LEE** el diálogo. Guadalupe habla con su amiga.

Lucía: ¡Hola, Lupe! ¿Cómo estás? ¿Cómo es tu nuevo piso?
Guadalupe: No es muy grande, pero es suficiente para mí y mi gato.
Lucía: ¿Y cómo es el barrio?
Guadalupe: Es un barrio antiguo, muy tranquilo. Está cerca del centro. Hay muchas tiendas, hay muchos parques, y hay una biblioteca muy grande.
Lucía: Entonces, ¿todo bien?
Guadalupe: Bueno... no todo. Los vecinos de arriba hacen mucho ruido. Por la mañana, por la noche... No puedo dormir.
Lucía: Ah, los vecinos. Siempre hay vecinos ruidosos.

ESCUCHA otra vez y **RESPONDE** las preguntas.

a. ¿Cómo es el nuevo piso de Guadalupe?
b. ¿Cómo es el barrio donde está el piso nuevo?
c. ¿Lucía conoce el piso nuevo de Guadalupe?
d. ¿Guadalupe vive sola?

HABLA y **PRACTICA** con tu compañero. Por parejas, **CLASIFICA** estos adjetivos en adjetivos **positivos** y adjetivos **negativos**.

Tengo un piso...
grande – pequeño – antiguo – moderno – bonito – tranquilo – oscuro

Mi calle es...
ruidosa – fea – estrecha – bonita – grande – transitada - ancha

positivos	negativos

PARA HABLAR

Describir una vivienda

- Mi piso nuevo es bonito. +
- Mi piso nuevo es ***bastante*** bonito. ++
- Mi piso nuevo es ***muy*** bonito. +++

- Mi piso nuevo es ***un poco*** pequeño. –
- Mi piso nuevo es pequeño. --
- Mi piso nuevo es ***bastante*** pequeño. ----
- Mi piso nuevo es ***muy*** pequeño. ------

(Usamos "un poco" con expresiones negativas: "un poco viejo", "un poco ruidoso").

ESCUCHA y **LEE** el diálogo. Lucía explica a Guadalupe cómo es un piso que conoce.

Guadalupe: Quiero buscar otro piso.
Lucía: Yo conozco un piso. Está cerca de mi casa. Es un ático. No tiene vecinos arriba.
Guadalupe: Ah. Y ¿cómo es el piso?
Lucía: Un poco antiguo, pero es muy bonito. El comedor es grande y exterior. Solo tiene un dormitorio. Es un poco pequeño y oscuro. Además, no tiene ascensor… Pero bueno, es barato y muy práctico. ¿Quieres ver este ático?
Guadalupe: Vale. ¿Vamos esta tarde?

ESCUCHA otra vez y **ESCRIBE** las respuestas.

a. ¿Qué es un ático?
b. ¿Por qué Guadalupe quiere cambiar de piso?
c. ¿Cuáles son las cosas buenas del piso que conoce Lucía?
d. ¿Cuáles son las cosas negativas del piso que conoce Lucía?

BUSCA en el diccionario el significado de estas palabras. Después, **DIBUJA** un gato y un árbol utilizando las nuevas palabras que has aprendido:

Delante de
Detrás de
Al lado de
Encima de
Debajo de
Lejos de

C El gato de Guadalupe

ESCUCHA y **LEE** el diálogo. Guadalupe no encuentra las llaves. ¿Dónde están las llaves?

Guadalupe:	Hola, soy Guadalupe otra vez.
Lucía:	¿Qué pasa?
Guadalupe:	Te llamo porque quizás voy a llegar un poco tarde. No sé dónde están las llaves de mi piso. No puedo salir de casa.
Lucía:	¿Las llaves no están en tu habitación?
Guadalupe:	No.
Lucía:	¿No están debajo del sofá?
Guadalupe:	No. Tampoco están debajo del sofá.
Lucía:	Quizás están en el recibidor.
Guadalupe:	No. No están en el recibidor. ¡Ah, un momento!
Lucía:	¿Qué pasa?
Guadalupe:	Ya veo las llaves. Están debajo de Manso…
Lucía:	¿Tu gato?
Guadalupe:	Sí. Está sentado encima de las llaves, en la mesa del salón.

ESCUCHA otra vez y **RESPONDE** las preguntas.

a. ¿Las llaves están encima de la mesa del recibidor?
b. ¿Dónde están las llaves de Guadalupe?
c. ¿Dónde está Manso?
d. ¿Quién es Manso?

HABLA y **PRACTICA** con tu compañero. **DIBUJA** a Manso en el plano de la página 28 (actividad 5). Tu compañero no puede ver el dibujo. Tu compañero **PREGUNTA** dónde está el gato. Solo puedes responder "sí" o "no". Después, intercambiad los papeles.

Ejemplo: A: ¿Está en la cocina?
B: No.
A: ¿Está en el comedor?
B: Sí.
A: ¿Está encima de la mesa?
B: No.
A: ¿Está a la izquierda de…?

Más vocabulario

1 ESCUCHA y COMPLETA los números.

10. Once 11. Do 12. ce 13. Ca ce 14. ce
15. Dieciséis 16. isiete 17. iocho 18. inueve 19. Veinte

2 ESCUCHA y ESCRIBE el resultado:

a. Dos más dos:
b. Tres más tres:
c. Cinco más siete:
d: Ocho menos dos:
e: Diecinueve menos cuatro:
f: Veinte menos tres:

Atención: + = más, - = menos.

3 RELACIONA cada número ordinal con su nombre.

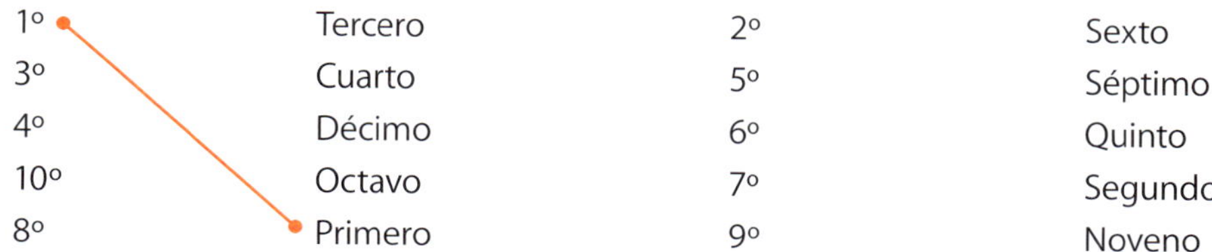

1º	Tercero	2º	Sexto
3º	Cuarto	5º	Séptimo
4º	Décimo	6º	Quinto
10º	Octavo	7º	Segundo
8º	Primero	9º	Noveno

4 CLASIFICA: ¿En qué habitación podemos encontrar estas cosas?

D = Dormitorio ; S = Salón ; C = Cocina ; L = Lavabo

una cama *D*	una mesa	una silla	un televisor
un ordenador	una nevera	una lavadora	un espejo
una lámpara	un cuadro	un armario	un lavavajillas

5 RELACIONA estas palabras con los verbos correspondientes.

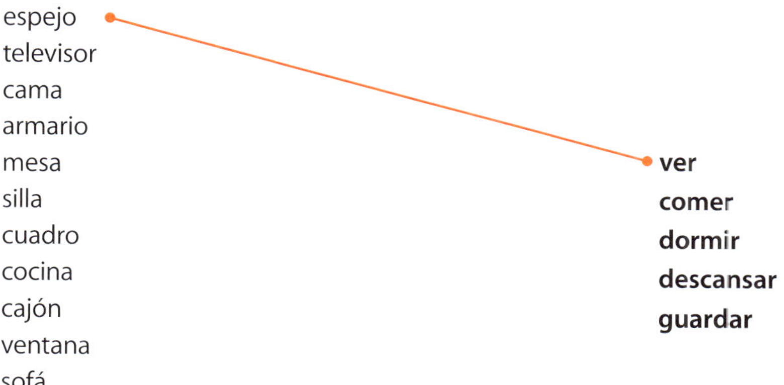

espejo
televisor
cama
armario
mesa
silla
cuadro
cocina
cajón
ventana
sofá

ver
comer
dormir
descansar
guardar

Más gramática

Artículos determinados

El armario	*La bañera*
El comedor	*La cocina*

Artículo (el) + preposición (de/a)

El + de= del	*El dormitorio del piso es muy grande.*
A + el = al	*El lavabo está al fondo a la derecha.*

1 **CLASIFICA** estas palabras según su género: MASCULINO o FEMENINO.

cocina – baño – cama – mesa – primero – segundo – séptimo – espejo – armario – gato – barrio – mueble – casa – ventana

masculino:
femenino:

Adjetivos calificativos:
Los adjetivos cambian según el género y el número del nombre al que acompañan:

	Masculino	Femenino
Singular	*El piso bonito*	*La casa bonita*
Plural	*Los pisos bonitos*	*Las casas bonitas*

La casa es muy bonita y moderna, pero el barrio es muy antiguo.

ATENCIÓN: *Algunos adjetivos no cambian con el género, solo con el número:*

	Masculino	Femenino
Singular	*El piso grande*	*La casa grande*
Plural	*Los pisos grandes*	*Las casas grandes*

2 **COMPLETA** las frases.

- Esta casa es muy bonit ______.
- Estas casas son muy bonit ______.
- Prefiero un piso pequeñ ______ y modern ______ que una casa grand ______ y antigu ______.
- Los espej ______ del baño son muy bonit ______.
- Las sill ______ de la cocina son modern ______ y cómod ______.
- El armario del dormitorio es muy bonit ______.
- Mi calle es muy ruidos ______.

VERBOS IRREGULARES

	ESTAR	TENER	PONER
Yo	Estoy	Tengo	Pongo
Tú	Estás	Tienes	Pones
Él	Está	Tiene	Pone
Nosotros	**Estamos**	**Tenemos**	**Ponemos**
Vosotros	**Estáis**	**Tenéis**	**Ponéis**
Ellos	Están	Tienen	Ponen

Atención: *Las formas de* ***VOSOTROS y NOSOTROS*** *siempre son regulares.*
Atención: *Forma negativa:* ***NO + verbo:***

- *La casa es bonita.*
- *La casa no es bonita.*

3 **CONJUGA** los verbos *estar, tener o poner:*

- El piso nuevo <u>tiene</u> dos habitaciones.
- El gato ______ encima del sofá.
- Hoy yo cocino y tú ______ la mesa.
- ______ muchos problemas con la nueva casa.
- El baño ______ al fondo del comedor.
- Los libros no ______ en la mesa.
- Yo siempre ______ la ropa en el armario.

4 **CORRIGE** la información incorrecta:

- El tocador está a la izquierda de la cama.
- La ventana está debajo de la cama.
- La cama está debajo de una lámpara.
- Las mesitas de noche están encima de la cama.
- Las cortinas están a la derecha y a la izquierda del espejo.
- Las lámparas están delante de las mesitas.

Más comunicación

ESCUCHA y **LEE** el diálogo. Guadalupe da instrucciones a un trabajador en su nuevo ático.

Trabajador: Buenos días, señora. ¿Dónde ponemos los muebles?

Guadalupe: La mesa, en el comedor, en el centro. Dos sillas a la derecha de la mesa, y dos sillas a la izquierda de la mesa.

Trabajador: ¿Y el sofá? ¿Dónde ponemos el sofá?

Guadalupe: El sofá también en el comedor, a la derecha de la mesa.

Trabajador: Vale. ¿Y dónde ponemos el armario?

Guadalupe: El armario, en el dormitorio de matrimonio, en la pared de la derecha.

Trabajor: ¿Ponemos la cama de matrimonio en ese dormitorio?

Guadalupe: Sí, delante del armario. Las mesitas de noche a la izquierda y a la derecha de la cama.

Trabajador: Bien. ¿Y el espejo y la cama individual?

Guadalupe: El espejo y la cama individual en el dormitorio individual. El dormitorio individual está a la derecha del dormitorio de matrimonio. Quiero la cama en la pared de la derecha y el espejo en la pared de la izquierda.

ESCUCHA otra vez y **DIBUJA** los muebles en el plano siguiendo las instrucciones de la señora.

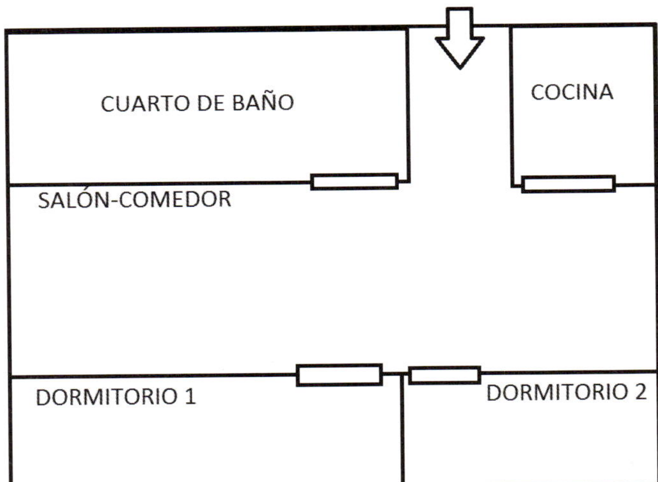

HABLA y **PRACTICA** con tu compañero. **PIENSA** en un objeto de clase. **EXPLICA** a tu compañero dónde está este objeto y tu compañero debe adivinar el objeto:

Ejemplo:

- Está a la derecha de la puerta, delante de los estudiantes.
- ¿La mesa del profesor?
- No, no. Está encima de la mesa del profesor.
- Ah, ¿la pizarra?
- ¡Sí! Ahora tú.

UNIDAD 04

Nos movemos

CONTENIDOS

Comunicación · Gramática · Vocabulario

- Preguntar por la existencia y ubicación de lugares o establecimientos
- Preguntar por una dirección
- Pedir y dar instruciones para llegar a un lugar
- Preguntar y decir la hora / Preguntar horarios

G

- Artículos indeterminados
- Hay / Está(n)
- Presente de indicativo de *ir, dar, venir, seguir y cerrar*

V

- La ciudad: establecimientos públicos y medios de transporte
- Números (III)

A ¿Hay una papelería cerca de aquí?

ESCUCHA las conversaciones. Una persona pregunta por la existencia de un establecimiento. **MARCA** con una "X" la ubicación.

Calle Simón Bolívar

2 **ESCUCHA** otra vez y **RESPONDE** verdadero o falso.

a. La señorita sabe dónde está la papelería. ☐ Verdadero ☐ Falso
b. No hay una papelería cerca de aquí. ☐ Verdadero ☐ Falso
c. El niño sabe dónde hay una papelería. ☐ Verdadero ☐ Falso
d. La papelería está a dos calles. ☐ Verdadero ☐ Falso
e. La papelería está en frente de la escuela. ☐ Verdadero ☐ Falso

PARA HABLAR 

Preguntar por la existencia de lugares públicos

Disculpe, ¿hay
- Ø escuelas en esta zona?
- un hotel cerca de aquí?
- una iglesia en esta calle?
- muchos restaurantes en este barrio?

Responder

Sí, sí hay.
No, no hay.
Sí, hay una en esta calle.
No lo sé.

3 **PREGUNTA** a tu compañero por la existencia de algunos espacios cerca de la universidad.

Ejemplo:

Mónica: Perdona, **¿hay un parque** cerca de aquí?

Señora: Sí, hay uno cerca de aquí.
|No, no hay.
|No lo sé.

Una cafetería Un bar Un restaurante Una pe uquería	Una biblioteca Una librería Una escuela Un correo

PARA HABLAR

Ubicación de lugares públicos

A: ¿Dónde está el hotel Real?
A: ¿Dónde están los restaurantes?
A: ¿Dónde está tu casa?

B: Está a dos manzanas de aquí.
B: Están en la Avenida Principal.
B: Está lejos de aquí.

4 **OBSERVA** el mapa del ejercicio 1 y **COMPLETA** las frases.

Ana : ¿Dónde la panadería?
Noe : a la derecha de la papelería.
Ana : ¿ un parque en esta calle?
Noe : Sí, uno al final de la calle.
Ana : ¿Dónde una papelería?
Noe : una enfrente de la escuela.
Ana : ¿La iglesia cerca del parque?
Noe : Sí, justo al lado del parque.

5 **RELACIONA** cada expresión con el dibujo que describe.

Seguir recto **Girar a la izquierda** **Girar a la derecha**

6 **PRACTICA** en parejas. Por turnos, **DA** instrucciones a tu compañero para ir a los sitios por los que te pregunte. Después **ENSEÑA** el plano a tu compañero. ¿Coincide todo con el tuyo?

Alumno A:

1. Marca en el plano: una biblioteca, una librería, un cine y un café.
2. Estás en la estrella del plano. Pregunta a tu compañero por estos lugares y márcalos en el plano: una farmacia, una estación de metro, un correo y un restaurante.

Alumno B:

1. Marca en el plano: una farmacia, una estación de metro, un correo y un restaurante.
2. Estás en la estrella del plano. Pregunta a tu compañero por estos lugares y márcalos en el plano: una biblioteca, una librería, un cine y un café.

B ¿Qué hora es?

ESCUCHA y **LEE** el diálogo. Después **CONTESTA** las preguntas. Juana y Alicia planean qué hacer por la noche.

Juana: ¿Qué hacemos esta noche? ¿Cenamos en el nuevo restaurante del centro?
Alicia: Bueno, pero ¿dónde está?
Juana: Está en la calle Principal.
Alicia: Y ¿cómo llegamos?
Juana: Pues podemos tomar el autobús número 147 y bajar en la estación del Centro.
Alicia: Bueno, pero yo creo que es mejor ir en metro, es muy cómodo.
Juana: Sí, pero hay que hacer transbordo.
Alicia: Entonces prefiero ir en taxi, no quiero marearme en el autobús.
Juana: Está bien.

a. ¿Qué hacen esta noche?
b. ¿Dónde está el restaurante?
c. ¿Qué número de autobús pueden tomar?
d. ¿Cómo llegan al restaurante?
e. ¿Por qué Alicia prefiere ir en taxi?

PARA HABLAR

Pedir y dar instruciones para llegar a un lugar

Juan: ¿Cómo voy al teatro?
Ruy: ***En*** *autobús,* ***en*** *taxi,* ***en*** *metro…/* ***A pie.*** */* ***Andando.*** */* ***Caminando.*** */*
Tomas en autobús. Te subes en… y te bajas en…

2 **PRACTICA** en grupo y **PREGUNTA** a tus compañeros cómo llegan a algunos lugares.

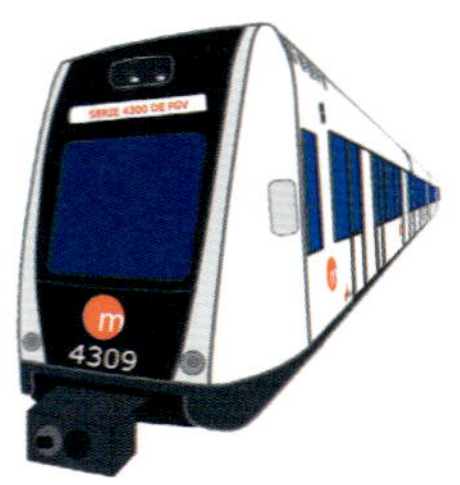

Ejemplo:

Rosa: *¿Cómo vas a la escuela?*
Laura: *Caminando, ¿y tú?*
Rosa: *En metro.*

Miguel: *¿Cómo voy a tu casa?*
Pilar: *Tomas el metro línea 4. Te subes en la estación de San Bernardo y te bajas en Goya. Después caminas dos cuadras, y en la esquina está mi casa.*

PARA HABLAR

Preguntar y decir la hora

Lola: **¿Qué hora es?** Sara: **Es la una. | Es la una y cinco.**
Son las dos menos diez. | Son las cinco y cuarto.

Leer el reloj

1:00	Es la una en	punto.
2:00		(en punto.)
2:05		y cinco.
2:15	Son las dos…	y cuarto. | y quince.
2:30		y media. | y treinta.
2:35		menos veinticinco.
2:45	Son las tres…	menos cuarto.
2:55		menos cinco.

Preguntar horarios

Lola: **¿A qué hora abre** el cine? Sara: Abre a las cinco en punto.
Lola: **¿Qué horario tiene** la biblioteca? Sara: De 9:00 a 21:00 h.

3 **ESCUCHA** y **DIBUJA (ESCRIBE)** las horas.

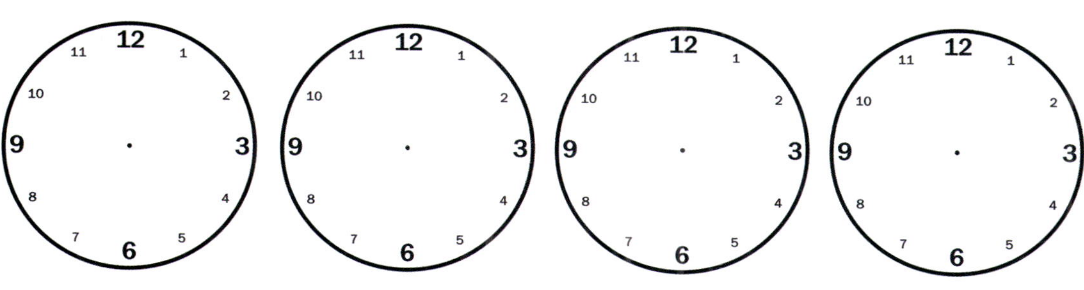

1. 2. 3. 4.

4 **PREGUNTA** a tu compañero el horario de algunos establecimientos comerciales, a qué hora suele ir y cómo llega.

Ejemplo:

Alumno A: *¿A qué hora abre el teatro de tu ciudad?* Alumno B: *A las nueve en punto.*
¿A qué hora abren los grandes almacenes?
¿A qué hora abre el supermercado?
¿A qué hora vas?
¿Cómo llegas?

C Números

1 LEE los números.

20-29		30-39
20 veinte 21 veintiuno/-ún/-una 22 veintidós 23 veintitrés 24 veinticuatro 25 veinticinco 26 veintiséis 27 veintisiete 28 veintiocho 29 veintinueve		30 treinta 31 treinta y uno/un/una 32 treinta y dos 33 treinta y tres 34 treinta y cuatro 35 treinta y cinco 36 treinta y seis 37 treinta y siete 38 treinta y ocho 39 treinta y nueve
Las decenas	**Las centenas**	**Las cifras grandes**
10 diez 20 veinte 30 treinta 40 cuarenta 50 cincuenta 60 sesenta 70 setenta 80 ochenta 90 noventa	100 cien (-to) 200 doscientos/-as 300 trescientos/-as 400 cuatrocientos/-as 500 **quinientos**/-as 600 seiscientos/-as 700 **setecientos**/-as 800 ochocientos/-as 900 **novecientos**/-as	1.000 mil 10.000 diez mil 100.000 cien mil 1.000.000 un millón 10.000.000 diez millones 100.000.000 cien millones 1.000.000.000 mil millones 100.000.000.000 cien mil millones 1.000.000.000.000 un billón

2 ESCUCHA y REPITE los números.

20	30	40	50	60	70	80	90	100
veinte	treinta	cuarenta	cincuenta	sesenta	setenta	ochenta	noventa	cien

200	300	400	500	600	700
doscientos	trescientos	cuatrocientos	quinientos	seiscientos	setecientos

800	900
ochocientos	novecientos

3 ESCRIBE los números con letras para completar las frases.

a. Tenemos ______ dedos en cada mano. (5)
b. La semana tiene ______ días. (7)
c. Mi amiga Lola tiene ______ hermanos. (3)
d. Un minuto tiene ______ segundos. (60)
e. e. La mujer más longeva de la historia es Jeanne Calment. Cumplió ______ años. (122)
f. El esqueleto humano tiene ______ huesos. (206)
g. Gané ______ pesos en la lotería. (1.500)
h. El monte Everest mide ______ metros sobre el nivel del mar. (8.848)
i. El origen de la fortuna de Bill Gates es Microsoft. Tiene ______ millones de dólares. (79.200)

Más vocabulario

1 **ESCUCHA** y **LEE** el monólogo. Una niña comenta lo que hay en su barrio.

Me gusta mi barrio, porque hay muchas cosas. Hay una escuela muy grande. Enfrente de la entrada de la escuela hay una papelería. A la izquierda de la papelería hay una farmacia y a la derecha hay una panadería. La calle de la escuela se llama Simón Bolívar. Al final de la calle hay un parque muy bonito. Me gusta jugar ahí. Mi casa está muy cerca de la escuela, en el oeste. Solo cruzo la calle y ya estoy en la escuela. También hay un cine, enfrente del parque, en el noroeste. La iglesia está enfrente del parque, en el suroeste. Es muy antigua y bonita.

2 **ESCUCHA** otra vez y **SEÑALA** en el mapa la ubicación de los espacios urbanos que están en el cuadro.

CALLE SIMÓN BOLÍVAR, FARMACIA, PAPELERÍA, PANADERÍA, PARQUE, CINE, IGLESIA, CASA

Escuela

N

3 **CLASIFICA** los espacios urbanos en las categorías correspondientes. **PREGUNTA** a tu compañero qué cosas puedes comprar en las tiendas que se mencionan en esta actividad.

Espacios urbanos:

una tintorería
una calle
una plaza
un hospital
una peluquería
un mercado
correos
un edificio público
una parada de autobús
un supermercado
un hotel
una cafetería
una zapatería
una librería

TIENDAS	SERVICIOS	PARTES DE LA CIUDAD

Ejemplo: En una librería puedo comprar un diccionario

Más gramática

Se usa hay: para hablar de existencia.

Hay + un, una + sustantivo contable singular **Hay + uno, una**	***- ¿Hay un museo cerca de aquí?*** *- Sí, hay uno.*
Hay + sustantivo contable plural	*- **Hay iglesias** en este barrio.*
Hay + { unos, unas; / dos, tres...; / muchos, pocos... } + sustantivo contable plural	*- **Hay dos mercados** cerca de aquí.*
Hay + muchos/ as, pocos/as + nombre incontable **Hay + nombre incontable** **Hay + mucho/os/as, poco/os/as**	*- **Hay muchas estrellas** en el cielo.* *- **¿Hay arroz** en la alacena?* *- Sí, **hay mucho**.*

COMPLETA las frases con el verbo *haber* o *estar* en la forma adecuada.

Noe: ¿Dónde ______ una peluquería?
Iris: ______ una a dos cuadras de aquí, en frente de la panadería Rosy.
Noe: ¿Dónde ______ el mercado Juárez?
Iris: ______ en la Avenida Juárez, muy lejos de aquí.
Noe: ¿El Teatro Sara García ______ en la calle Guadalupe?
Iris: Sí, ______ en esa calle.
Noe: ¿ ______ una biblioteca en tu barrio?
Iris: Sí, ______ una muy grande y bonita.

Artículos	Indeterminados		Determinados	
	Singular	Plural	Singular	Plural
Masculino	Un	Unos	El	Los
Femenino	Una	Unas	La	Las

Usamos artículos indeterminados:

a. Para referirnos a algo en general no especificado de entre varios de su misma especie.
*Ana: Quiero ir a **un** museo.*

b. Con el verbo haber. *Julia: ¿Dónde **hay un** restaurante?*

Usamos artículos determinados:

a. Para referirnos a algo específico. *Noe: **El museo de Historia** es muy antiguo.*

b. Para decir la hora. *Mary: Son **las** siete en punto.*

2 COMPLETA las frases con los artículos adecuados.

a. centro comercial es muy grande.
b. ¿Dónde hay plaza por aquí cerca?
c. supermercado HEB cierra a las once de la noche.
d. Creo que hay supermercado que abre las 24 horas.
e. La función empieza a dos y media.
f. En el centro de la ciudad hay iglesia.

Verbos irregulares en presente de indicativo ir, venir, seguir, cerrar, dar.

	IR	VENIR **e>ie**	SEGUIR **e>i**	CERRAR **e>ie**	DAR
(Yo)	**voy**	vengo	sigo	cierro	doy
(Tú)	**vas**	vienes	sigues	cierras	das
(Él/Ella/Usted)	**va**	viene	sigue	cierra	da
(Nosotros/as)	**vamos**	venimos	seguimos	cerramos	damos
(Vosotros/as)	**vais**	venís	seguís	cerráis	dais
(Ellos/Ellas/Ustedes)	**van**	vienen	siguen	cierran	dan

3 CONJUGA los verbos en presente.

a. Yo (ir) a pie a la escuela.
b. Mi hermano (ir) al estadio a ver los partidos de fútbol.
c. Para ir a la panadería, ¿(seguir, nosotros) todo recto hasta la calle Vista Encanto verdad?
d. ¿Quién (venir) en autobús hasta la universidad?
e. Los domingos la biblioteca (cerrar) a las tres y media.

4 RELACIONA las columnas.

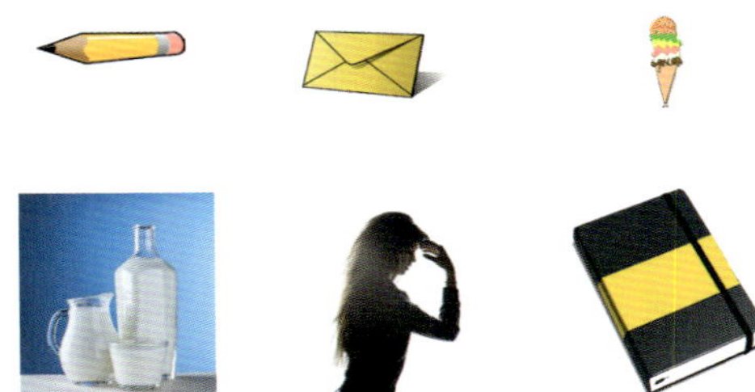

( ) Compro un helado.
( ) Arreglo mi cabello.
( ) Compro leche.
( ) Compro un lápiz.
( ) Envío una carta.
( ) Leo un libro.

a. en la biblioteca.
b. en la peluquería.
c. en la papelería.
d. en correos.
e. en el supermercado.
f. en la nevería/heladería.

Locuciones y adverbios de lugar

Al norte, al sur, al este, al oeste…

Giras a la izquierda. / Giras a la derecha. / Cruzas. / Cerca / Lejos

5 ESCRIBE las palabras que faltan, eligiendo entre las opciones anteriores.

- Me gusta mi barrio, porque está bien comunicado. Mi casa está a dos calles de la escuela. Enfrente de la escuela hay una panadería. Me gusta comer pan todos los días y me gusta ir porque está ________ de mi casa.
- El centro de estética está a ocho cuadras de mi casa. Cada vez que voy a pie me canso mucho, porque está muy ________ de mi casa.
- La entrada de mi casa está hacia el este u oriente, y el patio está detrás de la casa. Es decir, está hacia el ________ o poniente.

Más comunicación

ESCUCHA el diálogo de tres amigas que planean pasear por el centro de Madrid. **IDENTIFICA** las imágenes con los nombres que escuchas.

ESCUCHA otra vez y **COMPLETA** el cuadro con la información que escuchas.

	¿A dónde quiere ir?	¿A qué hora?	¿Cómo pueden llegar?
Blanca			
Laura			
Mariela			

3

ESCRIBE la hora debajo de cada reloj. Después **ESCUCHA** y **COMPRUEBA** tus respuestas.

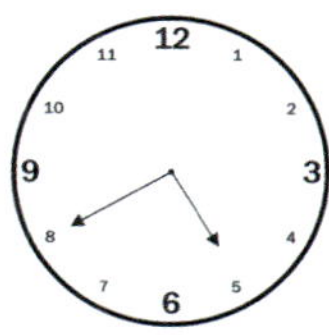

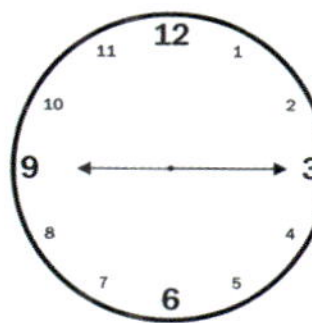

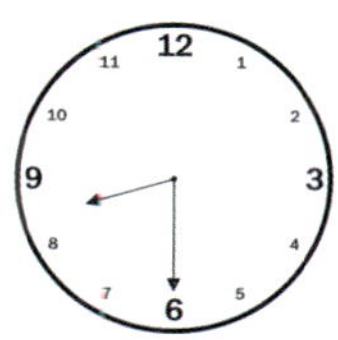

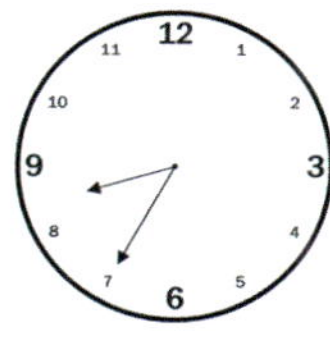

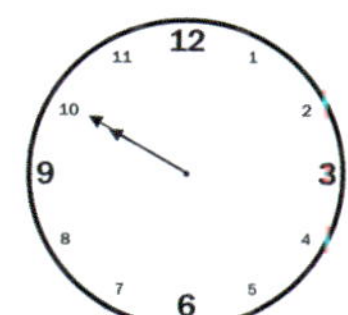

UNIDAD 05

¿Te gusta comer?

CONTENIDOS

Comunicación · Gramática · Vocabulario

C
- Preguntar por un deseo o necesidad
- Preguntar y decir el precio
- Hablar de gustos y aficiones
- Contrastar gustos
- Pedir a alguien que haga algo y responder a una petición

G
- Verbo *gustar*
- Imperativo regular e irregular
- Presente de indicativo de los verbos *querer, poder, y hacer*

V
- Alimentos y clases de alimentos
- Actividades de ocio

A ¡Camarero!

1 **ESCUCHA** y **LEE** el diálogo entre Jorge, Lucía y un camarero en un bar de Madrid.

Jorge: ¡Camarero!
Camarero: Sí, dígame... ¿Qué van a tomar?
Jorge: Yo quiero un vino tinto. ¿Y tú, Lucía?
Lucía: Yo, una caña.
Camarero: Muy bien. ¿Quieren algo de comer?
Jorge: Sí, pónganos un par de tapas. Una de queso para mí y... Lucía, ¿de qué quieres tu tapa?
Lucía: De salmón, por favor.
Jorge: Vale. Y nos pone también una ración de jamón ibérico.
Camarero: Ahora mismo. [...] Aquí tienen.
Jorge: Gracias. ¿Cuánto es?
Camarero: Son catorce euros con cincuenta.

2 **ESCUCHA** otra vez el diálogo y **RESPONDE** verdadero o falso.

a. Lucía quiere tomar un refresco. ☐ Verdadero ☐ Falso
b. Jorge va a tomar vino blanco. ☐ Verdadero ☐ Falso
c. Piden dos tapas. ☐ Verdadero ☐ Falso
d. La tapa de Lucía es de queso. ☐ Verdadero ☐ Falso
e. Piden también una ración de pulpo a la gallega. ☐ Verdadero ☐ Falso

PARA HABLAR

Preguntar por un deseo o necesidad
A: ¿Qué quiere/quieres?
B: (Yo quiero) Un café. Y tú, ¿quieres algo?

Preguntar y decir el precio
A: ¿Cuánto es?
B: (Son) Dos euros con cincuenta.

HABLA y **PRACTICA** con tu compañero. **CONSULTA** el menú de tapas y raciones del ejercicio 1 y **PREPARA** una conversación en un bar.

Estudiante 1

1. Saludas.
3. Respondes con el nombre de la bebida.
5. Eliges una tapa y una ración.
7. Preguntas el precio.

Estudiante 2

2. Saludas y preguntas por la bebida.
4. Preguntas por la comida.
6. Pones la bebida y la comida.
8. Dices el precio.

UNIDAD 05

ESCUCHA y **LEE** el diálogo entre Silvia, Ángel y un camarero en un restaurante de Valencia.

Silvia: ¡Camarero! La carta, por favor.
Camarero: Sí, aquí tienen.
Silvia: Gracias. A ver... ¿qué quieres comer, Ángel?
Ángel: Yo quiero una ensalada de atún de primero y pollo asado de segundo. ¿Y tú, qué vas a tomar?
Silvia: Un gazpacho y... atún en salsa de tomate.
Ángel: ¿Pedimos algún aperitivo?
Silvia: Sí, unas anchoas en vinagre para los dos.
Camarero: Muy bien. Y para beber, ¿qué van a tomar?
Silvia: Nos trae una botella de vino, por favor.
Camarero: ¿De postre?
Silvia: Tarta de manzana para mí. ¿Para ti, Ángel?
Ángel: Helado de chocolate, por favor.
Camarero: Muy bien.

ESCUCHA otra vez el diálogo y **RESPONDE** a las preguntas.

a. ¿Quién pide la carta, Ángel o Silvia?
b. ¿Qué va a comer Ángel de segundo plato?
c. ¿Van a comer algo de aperitivo?
d. ¿Qué piden para beber?
e. ¿Qué van a tomar de postre?

6 **COMPLETA** este diálogo entre dos clientes y un camarero con las frases del cuadro.

a. Yo voy a tomar el arroz.
b. ¿Para beber?
c. Perdone, ¿puede traernos el menú?
d. Yo quiero fresas con nata. ¿Tú también?
e. No, yo prefiero un refresco.
f. Y yo una ensalada mixta.
g. ¿Qué tienen de postre?

MENÚ DEL DÍA
Gazpacho
Sopa de pescado
Ensalada mixta

Arroz a la cubana
Filete de ternera con patatas
Lentejas con chorizo

Tarta de queso / Yogur / Naranja / Plátano
las fresas con nata

Sara:
Camarero: Enseguida, señora.
[...]
Camarero: ¿Qué van a tomar?
Sara: De primero, yo quiero una sopa de pescado.
Luis:
Camarero: Sopa y ensalada. ¿Y de segundo?
Sara:
Camarero: Muy bien. ¿Y usted, caballero?
Luis: Filete de ternera con patatas.
Camarero:
Sara: Pues una botella de agua y dos cervezas, ¿no?
Luis:
Camarero: De acuerdo. Entonces, una cerveza, un refresco y agua.
[...]
Luis:
Camarero: Tenemos tarta de queso, yogur, fresas con nata, naranja o plátano.
Sara:
Luis: No, prefiero la tarta de queso.

B ¿Te gusta estudiar español?

ESCUCHA y **LEE** el diálogo entre Sara y Diana.

Sara: Diana, ¿te gusta estudiar español?
Diana: Me encanta. Y a ti, Sara, ¿qué te gusta?
Sara: A mí me gusta la música pop. Me gusta bastante cocinar y me encanta jugar al tenis.
Diana: ¿Te gusta el cine?
Sara: ¡Claro! Me gusta mucho el cine clásico. Me encanta ver películas en blanco y negro. ¿A ti también te gusta el cine?
Diana: Bueno..., no me gusta mucho. Prefiero ver la televisión o escuchar música.
Sara: ¿Y qué tipo de música te gusta?
Diana: Me encanta la música clásica.
Sara: ¿De verdad? A mí no me gusta nada...
Diana: Y me gusta mucho también escuchar y bailar flamenco.

PARA HABLAR

Hablar de gustos y aficiones (verbo gustar)

(A mí) **me** (A ti) **te** (A él/ella/usted) **le**	gusta	hablar español el español	***Me encanta...*** ***Me gusta mucho...*** ***Me gusta...***
(A nosotros/as) **nos** (A vosotros/as) **os** (A ellos/ellas/ustedes) **les**	gustan	los animales las flores	***No me gusta mucho...*** ***No me gusta...*** ***No me gusta nada...***

ESCUCHA otra vez y **RESPONDE** a las preguntas. **CONFIRMA** o **CORRIGE** la información si es necesario.

a. ¿Qué lengua le gusta estudiar a Diana?
b. A Sara no le gusta nada jugar al tenis, ¿verdad?
c. ¿Le gusta el cine a Diana?
d. ¿Qué tipo de música le gusta a Sara?
e. A Sara también le gusta la música clásica, ¿no?
f. ¿Les gusta el cine a las dos?
g. ¿Qué tipo de música le gusta bailar a Diana?
h. ¿A Diana le gusta ver la televisión?
i. ¿Quién escucha flamenco, Sara o Diana?
j. A Sara no le gustan las películas en banco y negro, ¿verdad?

RELACIONA las imágenes con los gustos y las actividades que aparecen en el cuadro.

el cine / ir al cine · la música / escuchar música · el teatro / ir al teatro · los libros / leer libros · el deporte / hacer deporte · leer el periódico · ver la televisión · navegar por internet

1	2	3	4	5	6	7	8

ESCRIBE ocho oraciones diferentes con los gustos de las cinco personas. Atención: algunas comparten aficiones.

Álvaro · Carolina · Roberto · Alejandra · Francisco

PARA HABLAR

Contrastar gustos

A: Me encanta el fútbol.
B: **A mí también**.
C: **A mí no** (me gusta mucho/nada).

A: No me gusta nada el ajedrez.
B: **A mí tampoco**.
C: **A mí sí** (me gusta).

A: ¿Qué te gusta hacer los sábados por la noche?
B: **A mí me** gusta ir al cine con mis amigos, pero **a ella le** encanta quedarse en casa.

5 ¿Os gustan estas cosas? **PREGUNTA** y **RESPONDE** a tu compañero y **COMPARA** tus gustos con sus gustos.

a. bailar
b. escuchar la radio
c. la cerveza
d. dormir
e. estudiar español

A los dos nos gusta/gustan/encanta/encantan...

A ________ **y a** mí no nos gusta/gustan mucho/nada...

Ejemplo:
Estudiante 1: ¿Te gusta bailar?
Estudiante 2: Me encanta, ¿y a ti?

C ¿Puedes...?

1 **ESCUCHA** las oraciones y **RELACIONA** las preguntas con sus respuestas.

a. ¿Puedes abrir la ventana, Leo?
b. ¿Me prestas tu bolígafro?
c. ¿Puede cerrar la ventana, por favor? Hace frío aquí.
d. Ven aquí y escribe tu nombre en la pizarra.
e. ¿Me das un poco de pan?

1. Claro, toma.
2. ¿Yo? Vale. Ahora voy.
3. Sí, aquí lo tienes.
4. Lo siento, ahora no puedo.
5. Ahora mismo la cierro.

PARA HABLAR

Pedir a alguien que haga algo
A: ¿Puedes (tú) abrir la puerta?
A: ¿Puede (usted) cerrar la ventana, por favor?
A: Abre (tú) la puerta, Diego.
A: Cierre (usted) la ventana, señor López.

Responder a una petición
B: Sí, claro.
B: Por supuesto.
B: ¡Vale!
B: Sí, ahora mismo.

2 ¿Qué dices en estas situaciones? **ESCRIBE** tus respuestas.

a. Estás en el salón de tu casa. Quieres ver la televisión, pero está apagada. Hablas con tu hermano.

b. Estás en clase, en la última fila. No escuchas bien a tu profesora.

c. Estás en un restaurante. Cerca de ti hay un desconocido fumando un cigarrillo. Te molesta el humo.

3 **HABLA** con tu compañero y **PÍDELE** que haga las cosas que aparecen en el cuadro. **RESPONDE** tú también a sus peticiones.

deletrear tu nombre en español — hablar de tu novio/a — escribir tu correo electrónico en un papel — prestar dinero — hablar más alto — cerrar el libro — apagar tu teléfono móvil — callarse

¿Puedes encender la luz, por favor?

Claro, ahora mismo.

Más vocabulario

1 **RELACIONA** las imágenes con las palabras del cuadro.

chocolate leche pollo naranjas atún tomates jamón fresas queso
pasta ternera salmón lechuga manzanas huevos plátanos yogur cordero

a. b. c. d. e. f.

g. h. i. j. k. l.

m. n. ñ. o. p. q.

2 **SEÑALA** la palabra que no corresponde al mismo grupo de alimentos que las otras tres y **COMPLETA** la columna de la derecha.

a. uvas	cerezas	sandía	pepino	
b. cebolla	puerro	naranja	zanahoria	
c. pollo	gambas	cerdo	conejo	
d. mantequilla	queso	huevos	yogur	Lácteos
e. salmón	atún	cordero	sardinas	

3 **ORDENA** las letras para formar palabras y **COMPLETA** las oraciones.

a. Comemos la carne con (**nrotede**) y con (**oluclhic**).
b. Normalmente, bebemos agua en un (**svao**), el vino en una (**acop**) y tomamos el té y el café en una (**atza**).
c. Es difícil comer una sopa con (**alpsloil**), necesitamos una (**rcauhca**).
d. Antes de comer, en la mesa, entre el tenedor y el cuchillo hay uno o dos (**ltpaso**).
e. Para limpiarnos la boca usamos una (**tvsielrla**) de papel o de tela.

Más gramática

Imperativos regulares

	HABLAR	BEBER	ABRIR
(Tú)	**habla**	**bebe**	**abre**
(Vosotros)	**hablad**	**bebed**	**abrid**
(Usted)	**hable**	**beba**	**abra**
(Ustedes)	**hablen**	**beban**	**abran**

Imperativos irregulares

	HACER	VENIR	SENTARSE
(Tú)	**haz**	**ven**	**siéntate**
(Vosotros)	**haced**	**venid**	**sentaos**
(Usted)	**haga**	**venga**	**siéntese**
(Ustedes)	**hagan**	**vengan**	**siéntense**

1 **ESCRIBE** los verbos en imperativo para completar las oraciones.

a. ______ más alto, por favor. Desde aquí no puedo escucharte bien. (**hablar/tú**)
b. ______ los ejercicios en casa, en clase no tenemos tiempo para hacerlos. (**hacer/vosotros**)
c. ______ un poco de agua. Está muy fresca. (**beber/usted**)
d. ______ aquí, por favor. Tenemos que hablar de un asunto importante. (**sentarse/ustedes**)
e. ______ la ventana, María. Hace mucho calor en clase. (**abrir/tú**)
f. ______ mañana de nuevo, todavía no podemos devolveros el pasaporte. (**venir/vosotros**)
g. ______ un poco de queso. Está riquísimo. (**comer/tú**)
h. ______ de la habitación, por favor. No podéis estar aquí. (**salir/vosotros**)
i. ______ una cerveza y un zumo de naranja, por favor. (**poner/usted**)
j. ______ sus teléfonos móviles, por favor. El examen va a empezar. (**apagar/ustedes**)

2 **COMPLETA** los tres diálogos conjugando en imperativo cinco de estos verbos.

comer seguir hablar volver decir girar salir perdonar

a. —Bueno, vamos a ver. ______ dónde le duele.
—Aquí, debajo de la rodilla. ¡Me duele mucho!

b. —______, ¿cómo voy a la calle Serrano? Creo que estoy perdido.
—No te preocupes, está cerca de aquí. ______ recto y ______ en la primera calle a la derecha. La siguiente es la calle Serrano.

c. —Te echo de menos. ______ pronto, por favor.
—Yo también te echo de menos. Nos vemos en una semana.

Verbo *gustar*

(A mí) **me**	gust**a**	comer verdura / ir al cine / hablar de fútbol
(A ti) **te**		el gazpacho / el tenis
(A él/ella/usted) **le**		la poesía / la leche
(A nosotros/as) **nos**		
(A vosotros/as) **os**	gusta**n**	los animales / los melocotones
(A ellos/ellas/ustedes) **les**		las fresas / las flores / las personas inteligentes

3 **COMPLETA** las frases con la forma correcta del verbo *gustar*. ¡No olvides el pronombre!

a. A mis hermanas pequeñas ______ escuchar K-Pop.
b. A mí ______ los días de lluvia y leer en la cama.
c. ¿A vosotros ______ el fútbol europeo?
d. A mi madre no ______ el ruido de los ordenadores.
e. ¿También a tus hermanas ______ vivir con tus padres?
f. A mí los sábados ______ dormir y descansar.
g. A ninguno de nosotros ______ nada tener que lavar la ropa cada semana.

4 **ORDENA** las palabras para formar las oraciones.

a. nada A gustan no restaurantes nos nuevos los nosotros italianos.

______

b. vez Ni gusta mí a hermano la verte mi una ni semana. a nos solo a

______

c. salir la por Me amigos noche. sábados encanta mis los con

______

Verbos *querer, poder* y *hacer*

	QUERER	PODER	HACER
(Yo)	**quiero**	**puedo**	**hago**
(Tú)	**quieres**	**puedes**	**haces**
(Él/Ella/Usted)	**quiere**	**puede**	**hacen**
(Nosotros/as)	**queremos**	**podemos**	**hacemos**
(Vosotros/as)	**queréis**	**podéis**	**hacéis**
(Ellos/Ellas/Ustedes)	**quieren**	**pueden**	**hacen**

5 **ESCRIBE** la forma correcta de los verbos *querer, poder* o *hacer*.

a. Si ______ y tienes tiempo, puedes venir a mi casa y hablamos un rato.
b. Perdone, ¿ ______ decirme la hora, por favor?
c. Si ______ los ejercicios en casa y participas en clase, el profesor te pone una buena nota.
d. Alba, ¿qué ______ de segundo plato?
e. ______ la compra todos los fines de semana en el supermercado que hay en mi calle.

Más comunicación

1 **ESCUCHA** los gustos y las aficiones de cada persona y **ESCRIBE** el nombre de la persona.

a. ______ b. ______ c. ______ d. ______ e. ______

2 **ESCUCHA** a tu profesor y **PREGUNTA** usando el verbo *gustar* con el pronombre que falta: *me, te, le, nos, os, les.*

a. A mí / nada lavar la ropa
b. A muchos jóvenes no / hacer ejercicio
c. A ti / demasiado comer
d. A mi amiga / tomar el sol en la playa
e. A sus padres / salir a cenar
f. A mis amigos y a mí / bucear
g. A usted / ir de compras
h. A ti y a mí / ir al cine
i. A vosotros no / jugar al ajedrez
j. A todo el mundo / ver la televisión

Profesor/a: A tus amigos no les gusta nada patinar.

Estudiante: ¿A mis amigos no les gusta nada patinar?

3 **ESCUCHA** la conversación y **COMPLETA** con las palabras que faltan.

- Hola, buenas tardes. ¿Qué van a tomar?
- Hola, yo un ______ de queso.
- Hola, yo tomaré un ______ de tortilla.
- Bocadillo de ______ y pincho de ______
- ¿Y para beber?
- ______
- Yo una clara con limón.
- Muy bien. ______ y una clara. Gracias.

  [...]
- ¿Nos cobra, por favor?
- Ahora mismo.

UNIDAD 06

Así soy yo

CONTENIDOS

Comunicación · Gramática · Vocabulario

- Describir el aspecto físico de alguien
- Describir el carácter o la personalidad de alguien
- Preguntar y contestar acerca de la edad
- Hablar de acciones habituales

G

- Adjetivos posesivos (repaso)
- Presente de indicativo de los verbos *jugar, empezar, volver, salir*
- Verbos reflexivos: *acostarse, levantarse, vestirse*

V

- Adjetivos calificativos empleados en las descripciones físicas y de personalidad
- Términos de relaciones familiares

A ¿Cómo eres?

1 **ESCUCHA** y **LEE** el diálogo. Alberto quiere ser modelo y llama a una agencia de modelos publicitarios por un anuncio en Internet.

Telefonista:	Cañón, agencia de modelos. Buenos días.
Alberto:	Buenos días. Soy Alberto Ramos. Llamo por el anuncio en Internet para ser modelo de publicidad.
Telefonista:	De acuerdo. ¿Cuántos años tienes?
Alberto:	Veinticuatro.
Telefonista:	¿Y cómo eres físicamente? ¿Cuánto mides?
Alberto:	Mido uno ochenta y cinco.
Telefonista:	¿Cuánto pesas?
Alberto:	Ochenta y cuatro kilos.
Telefonista:	Entonces eres joven, alto, delgado… ¿qué más?
Alberto:	Soy rubio, tengo el pelo corto y liso…, tengo los ojos claros…, no llevo barba…
Telefonista:	Vale. Puedes venir y hacer una prueba de selección este martes de cinco a siete de la tarde. La dirección es Paseo de la Castellana, 101, 28046, Madrid. Estamos en el 9.º A. Muchas gracias por tu interés.
Alberto:	De nada. Adiós.

2 **ESCUCHA** otra vez el diálogo y **RESPONDE** verdadero o falso. **CORRIGE** la información incorrecta.

a. Alberto quiere ser actor de cine.	☐ Verdadero	☐ Falso
b. Tiene veinticuatro años y pesa ochenta y seis kilos.	☐ Verdadero	☐ Falso
c. Tiene los ojos oscuros y el pelo corto y liso.	☐ Verdadero	☐ Falso
d. No lleva barba y es rubio.	☐ Verdadero	☐ Falso
e. La prueba selectiva es en un bajo.	☐ Verdadero	☐ Falso

Describir el físico de una persona

- Ser… delgado/a o gordo/a; bajo/a o alto/a; feo/a o guapo/a; mayor o joven; rubio/a, moreno/a, castaño/a, pelirrojo/a; calvo/a; chato/a o de nariz grande.
- Tener… o llevar… el pelo (el cabello) largo o corto; flequillo; el pelo rizado, ondulado o liso; barba, bigote o perilla; gafas; lentes de contacto (lentillas); cola de caballo (coleta).
- Tener… los ojos claros u oscuros; los ojos rasgados = achinados, o redondos; los ojos grandes o pequeños.

3 **RELACIONA** los avatares con las descripciones.

1 2 3 4

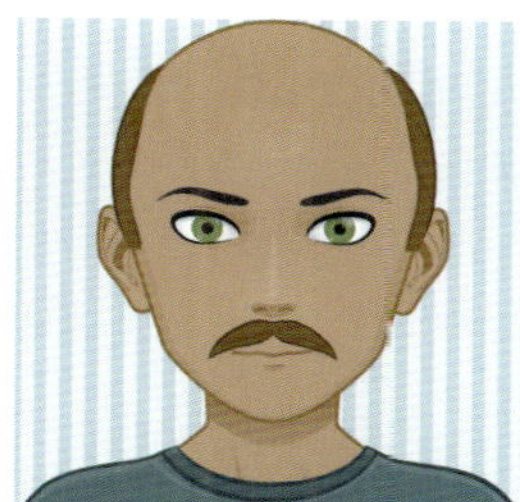

a. Es castaño y calvo. Tiene el pelo corto y liso. Tiene los ojos claros. Lleva bigote.
b. Tiene los ojos oscuros y el pelo corto y rizado. Es moreno. Lleva barba.
c. Tiene el pelo largo y liso y los ojos oscuros. Es chata y bastante guapa.
d. Lleva gafas y el pelo largo y ondulado. Es muy rubia y tiene los ojos claros.

4 **ESCUCHA** cuatro descripciones y **DIBUJA** cuatro avatares. **EN PAREJAS, CORRIGE** los avatares de tu compañero y **DILE** los aciertos y errores.

PARA HABLAR

Describir el carácter de una persona

Ser... o parecer... divertido/a o aburrido/a; simpático/a o antipático/a; inteligente = listo/a, o tonto/a; generoso/a o tacaño/a; hablador/a o callado/a; trabajador/a o vago/a; sociable o tímido/a; alegre o triste; sensible o insensible; extrovertido/a o introvertido/a.

Muy / Un poco

Un poco se usa con palabras negativas (-):

A: ¿Cómo es tu hermana?

B: Es muy simpática, pero *un poco* gordita (-).

5 **RELACIONA** los elementos de las dos columnas.

a. Te ríes mucho.
b. Haces regalos a tus amigos.
c. Lloras con las películas tristes.
d. Sales con tus amigos todos los días.
e. Trabajas poco.
f. Dices muchas cosas.
g. Aprendes rápido.

1. Eres sensible.
2. Eres inteligente.
3. Eres divertida.
4. Eres habladora.
5. Eres vago.
6. Eres generoso.
7. Eres sociable.

6 **DESCRIBE** cómo eres físicamente y de carácter sin escribir tu nombre. **HABLA** también de tus gustos. Luego, **EN GRUPOS**, **LEE** en voz alta la descripción de un compañero de tu grupo y **ADIVINA** quién es. Solo tienes una oportunidad.

B Rutina, rutina

1 ¿Cómo es un día normal para un estudiante universitario en Corea? ¿Qué cosas hace y cuándo? **COMPLETA** las siguientes oraciones.

- Se levanta a las... .
- Empieza las clases a las... .
- Come a las en .
- Sale de la universidad a las... .
- Por las tardes, después de la universidad... .
- Antes de cenar... .
- Cena a las en .
- Después de cenar... .
- Se acuesta a las... .
- Los fines de semana... .

2 Ahora **ESCUCHA** dos veces cómo es un día normal de una estudiante universitaria en España. **ESCRIBE** la información y **COMPÁRALA** con tus respuestas al ejercicio 1.

- Se levanta a las... .
- Empieza las clases a las... .
- Come a las en .
- Sale de la universidad a las... .
- Por las tardes, después de la universidad... .
- Antes de cenar... .
- Cena a las en .
- Después de cenar... .
- Se acuesta a las... .
- Los fines de semana... .

3 En español, los verbos reflexivos se construyen con los pronombres **me / te / se / nos / os / se** (como **levantarse**). **ENCUENTRA** otros verbos reflexivos en los ejercicios anteriores.

PARA HABLAR

Acciones habituales

A. ¿A qué hora te levantas normalmente?
B. Normalmente, me levanto a las...

A. ¿Qué haces los sábados?
B. Voy al cine con mis amigos.

	LEVANTAR**SE**
(Yo)	**me** levanto
(Tú)	**te** levantas
(Él/ella/Ud.)	**se** levanta
(Nosotros/as)	**nos** levantamos
(Vosotros/as)	**os** levantáis
(Ellos/ellas/Uds.)	**se** levantan

MIRA la agenda de Julián. ¿Con qué frecuencia hace sus actividades? **COMPLETA** las oraciones con las acciones propuestas en el recuadro de abajo y **ESCRIBE** otras.

Lunes	Martes	Miércoles	Jueves	Viernes	Sábado	Domingo
						1 COMIDA EN CASA DE LOS SUEGROS
2 GIMNASIO	3 GUITARRA INGLÉS	4 GIMNASIO CLASES DE COCINA	5 GUITARRA INGLÉS	6 GIMNASIO CENA CON CARMEN Y MANOLO	7 BICI "CONCIERTO DE ARANJUEZ" AUDITORIO NACIONAL	8 COMIDA EN CASA DE LOS SUEGROS
9 GIMNASIO	10 GUITARRA INGLÉS	11 GIMNASIO CLASES DE COCINA	12 GUITARRA INGLÉS	13 GIMNASIO CENA CON AMIGAS DE MI ESPOSA	14 BICI CINE CON MI MUJER	15 COMIDA EN CASA DE LOS SUEGROS
16 GIMNASIO	17 GUITARRA INGLÉS	18 GIMNASIO CLASES DE COCINA	19 GUITARRA INGLÉS	20 GIMNASIO CENA CON MIS CUÑADOS	21 BICI "FUENTEOVEJUNA" TEATRO CUARTA PARED	22 COMIDA EN CASA DE LOS SUEGROS
23 GIMNASIO	24 GUITARRA INGLÉS	25 GIMNASIO CLASES DE COCINA	26 GUITARRA INGLÉS	27 GIMNASIO CENA CON MI HERMANA MATILDE	28 BICI CINE CON MI MUJER	

Hacer yoga; comer con la familia; cenar con amigos; cenar con familiares; montar en bici; ir al gimnasio; estudiar inglés; asistir a clases de guitarra; aprender a cocinar; escuchar música en directo; ver una obra de teatro; ver una película en el cine.

- Una vez a la semana…
- Cuatro o cinco veces al mes…
- A menudo…
- Dos veces a la semana…
- Los domingos…
- Nunca...
- Tres veces a la semana…
- Normalmente, los sábados…
- Siempre…

¿Tienes algo en común con Julián? **ESCRÍBELO**. Luego, en parejas, **DÍSELO** a tu compañero. Después, **HABLA** sobre los hábitos de tu compañero a la clase.

A: Yo también voy al gimnasio tres días a la semana.
B: Yo no. Yo voy al gimnasio dos veces a la semana.

A: Mi compañero B va al gimnasio dos veces a la semana.
B: Mi compañero A va al gimnasio tres días a la semana, como Julián.

PARA HABLAR

Contrastar acciones habituales

Yo **sí** o yo **no**; yo **también** o yo **tampoco**; yo **siempre** o yo **nunca**; yo **a veces**.

A: Los domingos, me levanto a las once y media de la mañana.
B: Yo **antes**, a las diez menos cuarto de la mañana.
C: Yo **después**, a las doce en punto de la mañana.

C Mi familia y yo

1 **MIRA** el árbol genealógico y **LEE** las oraciones de la columna de la izquierda. Después, **COMPLETA** las oraciones de la columna de la derecha.

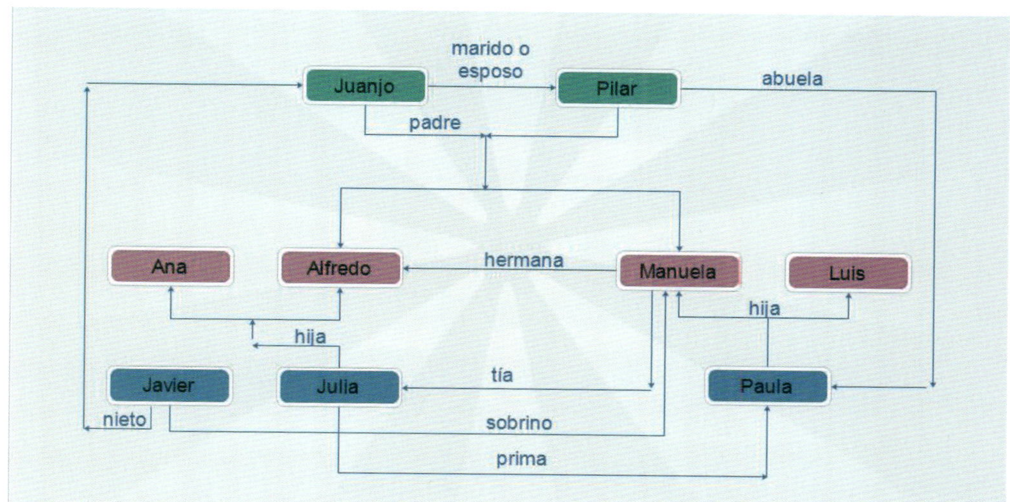

- Juanjo es el **marido o esposo** de Pilar.
- Manuela es la **hermana** de Alfredo.
- Julia es **hija** de Ana y Alfredo, y **prima** de Paula.
- Javier es **nieto** de Juanjo.
- Javier también es **sobrino** de Manuela.
- Pilar es **abuela** de Paula.
- Juanjo es el **padre** de Alfredo y Manuela.
- Manuela es **tía** de Julia.

Pilar es la ______ de Juanjo.
Alfredo es el ______ de Manuela.
Javier es ______ de Ana y Alfredo, y ______ de Paula.
Paula es ______ de Pilar y Juanjo.
Juanjo es el ______ de Javier.
Julia es ______ de Manuela.
Alfredo y Manuela son ______ de Juanjo y Pilar.
Pilar es la ______ de Manuela y Alfredo.

2 **MIRA** de nuevo el árbol genealógico y **DI** quién habla en cada caso.

1. No tengo hermanos, pero tengo dos primos de mi edad. Se llaman Javier y Julia y son los hijos de mi tío Alfredo, el hermano de mi madre. Soy ______.
2. Tengo 37 años y dos hijos, Javier y Julia. También tengo una hermana, se llama Manuela. Soy ______.
3. Mi sobrina es Paula, y mi marido, Alfredo. Me llamo ______.
4. Me encanta pasear mucho tiempo con mis nietos por el parque. Mi mujer prefiere ir con ellos al cine los fines de semana. Soy ______.

3 **EN PAREJAS, PREGUNTA** a tu compañero sobre su familia y **COMPLETA el** cuadro. Luego, **ESCRIBE** una breve presentación.

Parentesco	Nombre	Edad	Profesión	Físico	Carácter	Gustos

Más vocabulario

1 **RELACIONA** los adjetivos de personalidad con su descripción. Luego, **AÑADE** dos adjetivos a la lista y **ESCRIBE** su descripción. Puedes usar el diccionario.

a. Activo/-a
b. Sociable
c. Atrevido/-a
d. Trabajador/-a
e. Tímido
f. Hablador/-a
g. Callado/-a
h. Optimista
i. Aburrido/-a
j. Romántico/-a
k.
l.

1. No divierte a las personas.
2. Le gusta hacer muchas cosas.
3. Le gusta conocer a gente nueva.
4. Le da miedo conocer a gente nueva.
5. Habla poco.
6. Ve las cosas de una forma positiva.
7. Es muy sentimental en el amor.
8. No se comunica mucho con la gente.
9. Es muy aplicado en sus tareas.
10. Le gusta arriesgarse.
11.
12.

2 **CLASIFICA** los adjetivos anteriores en positivos y negativos. **AÑADE** otros que no están en el ejercicio 1.

Adjetivos positivos (+)	Adjetivos negativos (-)

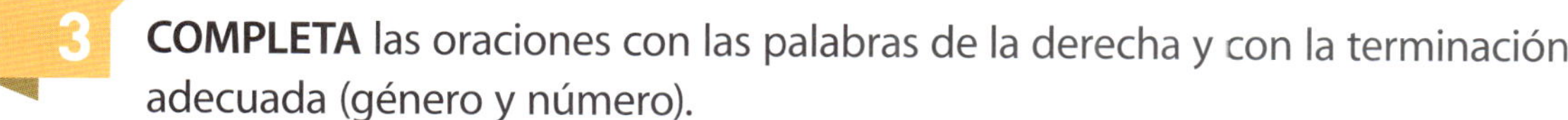

3 **COMPLETA** las oraciones con las palabras de la derecha y con la terminación adecuada (género y número).

a. El padre de mi mujer es mi ______.
b. La esposa de su hijo es su ______.
c. Los hermanos de mi esposa son mis ______.
d. El padre de mi abuelo es mi ______, y yo soy su ______.
e. Los padres de tus bisabuelos son tus ______, y tú eres su ______.

nuera
bisnieta
cuñados
tataranieto
bisabuelo
suegro
tatarabuelos

4 **RELACIONA** las preguntas y las respuestas sobre el estado civil.

a. ¿Olivia es la mujer de Raúl?
b. ¿No quieres casarte con Jesús?
c. Teresa está divorciada.
d. ¿Tu tía Mamen es viuda?

1. Su ex marido vive en Guinea Ecuatorial ahora.
2. No, su esposo vive todavía.
3. No. Me gusta mi novio, pero estoy muy bien soltera.
4. Sí, están casados por la Iglesia desde 2007.

Más gramática

Adjetivos posesivos (un poseedor)

		Poseedor		
		Yo	**Tú**	**Él / ella / usted**
Persona u objeto poseído (masculino y femenino)	Singular	mi	tu	su
	Plural	mis	tus	sus

ESCRIBE el posesivo correspondiente: *mi, mis, tu, tus, su, sus.* Sigue el ejemplo.

Ejemplo - ¿Cómo se llaman *tus* padres, Carmela?
- Mis padres se llaman Justo y Patricia.

a. - ¿Conoces a Emilio?
- Sí, claro, Emilio es ______ sobrino, el hijo de mi hermano Ramiro.

b. - ¿Sabes dónde viven ______ abuelos?
- Mis abuelos maternos viven en la calle Espoz y Mina, y los paternos, en la avenida de La Castellana.

c. - ¿Ya trabajan ______ nietos, don Adolfo?
- No, todavía estudian en la universidad.

d. - Daniel, ¿qué hace ______ primo, el hijo de tu tía Amelia?
- Es abogado.

e. - Anabel y ______ esposo siempre discuten, pero creo que no piensan en el divorcio.

f. - Juan, te presento a ______ hermanos, Alberto y Mamen.
- Encantado.

Verbos irregulares en presente: JUGAR, EMPEZAR, VOLVER, SALIR

	JUGAR	EMPEZAR	VOLVER	SALIR
	U>UE	E>IE	0>UE	1ª persona
(Yo)	j**ue**go	empi**e**zo	v**ue**lvo	sal**go**
(Tú)	j**ue**gas	empi**e**zas	v**ue**lves	sales
(Él/ella/Ud.)	j**ue**ga	empi**e**za	v**ue**lve	sale
(Nosotros/as)	jugamos	empezamos	volvemos	salimos
(Vosotros/as)	jugáis	empezáis	volvéis	salís
(Ellos/as)	j**ue**gan	empi**e**zan	v**ue**lven	salen

Otros verbos igualmente irregulares: hacer (ha**go**), contar, poder (**o>ue**) cerrar, entender (**e>ie**).

2 COMPLETA con la forma verbal adecuada en presente de indicativo.

Ejemplo: Todos los domingos mi primo y yo jugamos (jugar) al tenis cerca de su casa.

a. ¿A qué hora (empezar/tú) a trabajar los lunes?
b. Mi hermano siempre (volver) de las clases a las siete.
c. Cuando (salir/yo) con mis amigos siempre voy a los mismos lugares.
d. Tu amigo (jugar) al fútbol los martes y jueves por la mañana, porque sus clases (empezar) por la tarde.
e. Los fines de semana, (salir/tú) muy tarde de los bares, ¿cómo (volver/tú) a casa luego? A partir de la una de la mañana no hay metro ni autobús.

Verbos reflexivos: ACOSTARSE, LEVANTARSE, VESTIRSE

	ACOSTARSE O>UE	LEVANTARSE	VESTIRSE E>I
(Yo)	me ac**ue**sto	me levanto	me v**i**sto
(Tú)	te ac**ue**stas	te levantas	te v**i**stes
(Él / ella / Ud.)	se ac**ue**sta	se levanta	se v**i**ste
(Nosotros / as)	nos acostamos	nos levantamos	nos vestimos
(Vosotros / as)	os acostáis	os levantáis	os vestís
(Ellos / ellas / Uds.)	se ac**ue**stan	se levantan	se v**i**sten

Otros verbos reflexivos son: llamarse, despertarse (**e>ie**), dormirse (**o>ue**), lavarse, ducharse, bañarse y afeitarse.

3 COMPLETA las oraciones con los verbos reflexivos en su forma adecuada. No olvides el pronombre.

Ejemplo: Eva *no se levanta* (no/levantarse) temprano los domingos.

a. Yo (vestirse) siempre antes de desayunar.
b. Mis hermanos (acostarse) sobre las once de lunes a viernes.
c. A nosotros (no/gustar/acostarse) tarde.
d. Manuel, ¿prefieres (ducharse) o (bañarse)? Yo prefiero bañarme, es muy relajante.
e. Mi padre (afeitarse) con maquinilla eléctrica.
f. Vosotros casi siempre (dormirse) en clase.
g. Mayra (pintarse) los labios todas las mañanas en el metro.
h. Siempre (despertarse/yo) un minuto antes de llegar a mi parada de autobús.
i. - Mauricio, ¿ (divertirse) en el karaoke?
- No mucho, no me gusta cantar.

4 COMPLETA los espacios en blanco con una preposición: *a, al, de, en, con.*

Mi hermano se levanta a las siete. Desayuna pan mantequilla y café las siete y veinte, después ducharse y vestirse. Llega trabajo las nueve. De lunes a viernes come un restaurante cerca la oficina sus compañeros. Cuando sale la oficina va gimnasio. las ocho, vuelve a casa. Antes cenar, ve un poco la televisión el salón y juega algo con su teléfono móvil. Después la cena, contesta a algunos mensajes del trabajo y se acuesta la una.

Más comunicación

ESCUCHA a Jaime, que habla sobre lo que hace durante la semana.

ESCUCHA otra vez a Jaime y **RELACIONA** las preguntas con sus respuestas.

a. ¿A qué hora se levanta?
b. ¿Cuándo se lava los dientes?
c. ¿A qué hora entra a trabajar?
d. ¿Dónde come?
e. ¿Cuándo sale de trabajar?
f. ¿Qué hace antes de ducharse?
g. ¿Qué hace después de ducharse?
h. ¿Dónde cena?
i. ¿A qué hora se despierta los fines de semana?
j. ¿Qué hace los fines de semana?

1. A las nueve y media.
2. A las siete y media aproximadamente.
3. Después de desayunar.
4. Hacia las ocho de la mañana.
5. Se afeita.
6. En un restaurante cerca de la empresa.
7. Cerca de las nueve y media.
8. Descansa, hace deporte, y ve a su novia y a sus amigos.
9. En casa.
10. Se viste y se peina.

CONTESTA a las preguntas del ejercicio 2 y **PREGUNTA** a tu compañero. Después, **HABLA** de tu compañero a la clase. **AYÚDATE** con las fórmulas del recuadro de abajo.

	Yo	Mi compañero
Levantarse		
Cepillarse los dientes		
Entrar a clase		
Comer		
Salir de clase		
Antes de ducharse		
Después de ducharse		
Cenar		
Despertarse los fines de semana		
Hacer los fines de semana		

PARA HABLAR

Secuenciar acciones

Antes de + infinitivo; Después de + infinitivo; Primero, … Después, … Luego, …

Otras frecuencias (ampliación)

Casi siempre; con frecuencia; casi nunca.

TRANSCRIPCIONES

UNIDAD 1 Hola, ¿qué tal?

MÁS COMUNICACIÓN: ACTIVIDAD 1, PÁGINA 16

Presentación 1:	Hola, ¿qué onda? Me llamo Gerardo Ortiz. Soy mexicano y vivo en Veracruz. Toco la guitarra y muchos otros instrumentos. Soy músico.
Presentación 2:	Hola, ¿cómo están? Me llamo Andrea Gato. Soy argentina, pero vivo y trabajo en Madrid, en España. Soy veterinaria.
Presentación 3:	¡Hola! Soy Paco, español. Vivo y estudio Medicina en la Universidad de Granada. Todavía no tengo trabajo.
Presentación 4:	¡Hola! Me llamo Estefanía Casas. Soy uruguaya, pero no vivo en mi país. Ahora vivo en Santiago de Chile. Soy arquitecta.

UNIDAD 2 ¡Mucho gusto!

MÁS COMUNICACIÓN: ACTIVIDAD 1, PÁGINA 26

Diálogo A:	**Elena:**	Sofía, ¿cuál es tu número de móvil?
	Sofía:	Es el 565620198.
Diálogo B:	**Caro:**	¿Cuál es el número del restaurante francés? Quiero hacer una reserva.
	Leticia:	Es el 453642065.
Diálogo C:	**Felipe:**	Sr. Hugo, ¿su número es el 966320539?
	Sr. Hugo:	No, mí número es el 966320529.
Diálogo D:	**Lucía:**	¿Tienes el teléfono del dentista?
	Diana:	Sí, es el 355469703.
	Lucía:	Gracias.
Diálogo E:	**José:**	Quiero una pizza. ¿Cuál es el número de la pizzería?
	Alberto:	Es el 993680000.

MÁS COMUNICACIÓN: ACTIVIDAD 2, PÁGINA 26

Juan: Hola, Silvia. ¿Cómo estás?
Silvia: Hola, Juan. Bien, ¿y tú?
Juan: Bien, gracias.
Silvia: Mira, estas son mis amigas de Sevilla: Norma y Carla. Él es Juan, mi compañero de trabajo.
Juan: Encantado
Norma y Carla: Mucho gusto
Norma: Entonces, ¿tú también eres profesor de español?
Juan: Sí, y también soy de Madrid como Silvia; y ustedes, ¿a qué se dedican?
Carla: Nosotras trabajamos en un banco. Somos cajeras. Y también estudiamos inglés.
Silvia: Juan habla muy bien inglés.
Juan: Sí, ¿tienen número de teléfono?
Norma: Sí, mi número es el 357693499
Carla: Y el mío es el 893063360
Norma: ¿Cuál es tu número?
Juan: Es el 986978376.
Silvia: Bueno, tenemos que irnos. Nos vemos, Juan.
Juan: Sí, adiós.
Norma, Carla y Silvia: Adiós.

UNIDAD 4 Nos mudamos

¿HAY UNA PAPELERÍA CERCA DE AQUÍ?: ACTIVIDAD 1, PÁGINA 38

Diálogo A:
Miguel: Disculpe, ¿hay una papelería cerca de aquí?
Señorita: Lo siento, no vivo aquí.

Diálogo B:
Miguel: Perdone, ¿hay una papelería cerca de aquí?
Señor: No sé.

Diálogo C:
Miguel: Oye, disculpa, ¿hay una papelería cerca de aquí?
Niño: Sí, hay una cerca de aquí.
Miguel: ¿Y... dónde está?
Niño: Sigue todo recto, está en la próxima calle, enfrente de la escuela.
Miguel: Gracias, niño.

¿QUÉ HORA ES?: ACTIVIDAD 3, PÁGINA 43

Diálogo A:
Ana: Jorge, ¿qué hora es?
Jorge: Son las cuatro y veinte.

Diálogo B:
Luis: Roberto, ¿qué hora es?
Roberto: Son las dos en punto.

Diálogo C:
Señorita: Disculpa, ¿puedes decirme la hora?
Joven: ¡Sí, claro! Son las dos menos cuarto.

Diálogo D:
Mario: Juan, ¿qué hora tienes?
Juan: Las tres menos diez.

NÚMEROS: ACTIVIDAD 2, PÁGINA 44

Veinte, treinta, cuarenta, cincuenta, sesenta, setenta, ochenta, noventa, cien, doscientos, trescientos, cuatrocientos, quinientos, seiscientos, setecientos, ochocientos, novecientos.

MÁS COMUNICACIÓN: ACTIVIDAD 1 y 2, PÁGINA 49

Blanca: ¡Hola, chicas! ¿Cómo están? ¿Ya saben a dónde quieren ir? Laura, cuéntanos tú primero.

Laura: ¡Hola! Pues yo quiero ir a la Puerta del Sol para tomar muchas fotos en la **Estatua del Oso y el Madroño**, otras tantas fotos en el **Reloj de la Casa de Correos** y otras más en el **Kilómetro Cero**; me gustaría ir temprano, A eso de las nueve de la mañana. Podemos ir andando.

Mariela: Bueno, pues yo pensaba en algo para la noche, a eso de las ocho. Yo quiero ir de tapas, porque las tapas son una exquisita, variada y selecta muestra de la gastronomía popular española. Son muy baratas y se ofrecen en las tabernas. Además, podemos ir andando. ¿Y tú, Blanca, qué propones?

Blanca: Yo quiero ir al **Museo del Prado**. El precio de la entrada incluye el acceso a la colección Las entradas son a partir del mediodía y para llegar podemos ir en metro.

Laura: Bueno, todas las ideas me parecen muy atractivas. ¡Vámonos!

MÁS COMUNICACIÓN: ACTIVIDAD 3, PÁGINA 49

Diálogo A:	**Ana:**	Lupe, ¿qué hora marca el reloj?
	Lupe:	Las cinco menos veinte.
Diálogo B:	**Jaime:**	Ramón, ¿qué hora tienes?
	Ramón:	Son las nueve y quince.
Diálogo C:	**Antonia:**	Julio, ¿qué hora es?
	Julio:	Son las ocho y media.
Diálogo D:	**Ariadna:**	Laura, ¿qué hora es?
	Laura:	Son las ocho menos veinticinco.
Diálogo E:	**José:**	Pedro, ¿me puedes decir la hora, por favor?
	Pedro:	Con gusto, faltan diez para las diez.

UNIDAD 5 ¿Te gusta comer?

MÁS COMUNICACIÓN: ACTIVIDAD 1, PÁGINA 62

Presentación 1: Paz es una chica muy espiritual. No le gusta nada el ritmo de vida actual y tampoco le gusta el ruido de las grandes ciudades. Su trabajo es muy estresante, así que desde hace dos años practica yoga todos los días por la mañana.

Presentación 2: Miguel es profesor de literatura en una universidad chilena. Odia las matemáticas, pero lee mucho desde que era muy pequeño. Sobre todo le gusta leer novelas y ensayos de filosofía. También le encanta escribir.

Presentación 3: Rafael es una persona muy activa, siempre está haciendo cosas. Le encanta salir con sus amigos y sobre todo hacer deporte. Le gusta ver todos los deportes en la televisión y juega al tenis siempre que puede.

Presentación 4: Salvador es un joven muy creativo. No le gusta estudiar, pero es muy aficionado a la pintura. Le encantan los colores vivos y la luz es el elemento característico de todos sus cuadros.

Presentación 5: Lola nació en Sevilla y, como a casi todos los andaluces, le encanta el flamenco. Lo baila desde que era una niña. Ahora trabaja como profesora de baile en una academia de Málaga.

UNIDAD 6 Así soy yo

¿CÓMO ERES?: ACTIVIDAD 4, PÁGINA 65

Presentación 1: Se llama Lucía. Es morena y tiene el pelo largo y ondulado. Tiene los ojos oscuros. Lleva gafas. Es un poco seria.

Descripción 2: Me llamo Paco. Tengo los ojos claros. Soy castaño y tengo el pelo corto y rizado. Llevo perilla.

Descripción 3: Soy Julián. Soy rubio y un poco calvo. Tengo el pelo liso y corto, y los ojos claros. Soy bastante divertido.

Descripción 4: Se llama Andrea. Tiene los ojos claros y es pelirroja. Lleva el pelo largo con flequillo. Parece muy simpática.

RUTINA, RUTINA: ACTIVIDAD 2, PÁGINA 67

Amaya Fernández es estudiante de arquitectura. Los días laborables, Amaya **se levanta** sobre las siete y media. **Empieza sus clases** a las nueve en punto de la mañana. **Come** a las dos en el comedor de su escuela. Normalmente, **sale de la universidad** a las cuatro. **Por las tardes, después de la universidad**, los **lunes, miércoles y viernes estudia** matemáticas y física en una academia de cinco a ocho; los **martes y jueves va al gimnasio** de seis y media a ocho. **Antes de cenar**, Amaya **navega un poco por Internet** y **chatea** con sus amigos. **Cena** a las nueve y media en su casa con sus padres y su hermano. **Después de cenar, estudia** tres horas en su habitación. Habitualmente, **se acuesta** más o menos a la una. **Los fines de semana** Amaya **descansa y se divierte**. **Los viernes y sábados sale con sus amigos** por la noche, y los **domingos pasea** un poco por el parque o **monta en bici**.

MÁS COMUNICACIÓN: ACTIVIDAD 1, PÁGINA 74

Entre semana, casi siempre **me levanto** hacia las ocho de la mañana. Primero, **me afeito**. Después, **me ducho**. Luego, **me visto y me peino**. Normalmente **desayuno** sobre las ocho y media. Después de desayunar **me lavo los dientes** y **salgo a la calle** para tomar el metro. **Entro a trabajar** a las nueve y media. A veces, **me tomo un café** en la oficina a media mañana. **Como** a las dos con mis compañeros en un restaurante cerca de la empresa, y **vuelvo al trabajo** a las cuatro. **Salgo de trabajar** a las siete y media aproximadamente y **vuelvo** a **casa**. Antes de cenar, **hablo con mi novia** por Internet y **chateo con mis amigos**. **Ceno** a las nueve más o menos. Más tarde, **leo** novelas policíacas o de ciencia ficción. **Me acuesto** a las once y media y **escucho la radio** en la cama. Habitualmente **me duermo** sobre las doce y media.

Los fines de semana me despierto cerca de las nueve y media, pero casi nunca me levanto a esa hora. Pongo la radio y **me levanto** casi a las once. Los sábados y domingos **descanso, hago deporte y veo a mi novia y a mis amigos**. Los domingos **no me ducho, prefiero bañarme** porque es más relajante.

Notas

UNIDAD 07

Vamos de compras

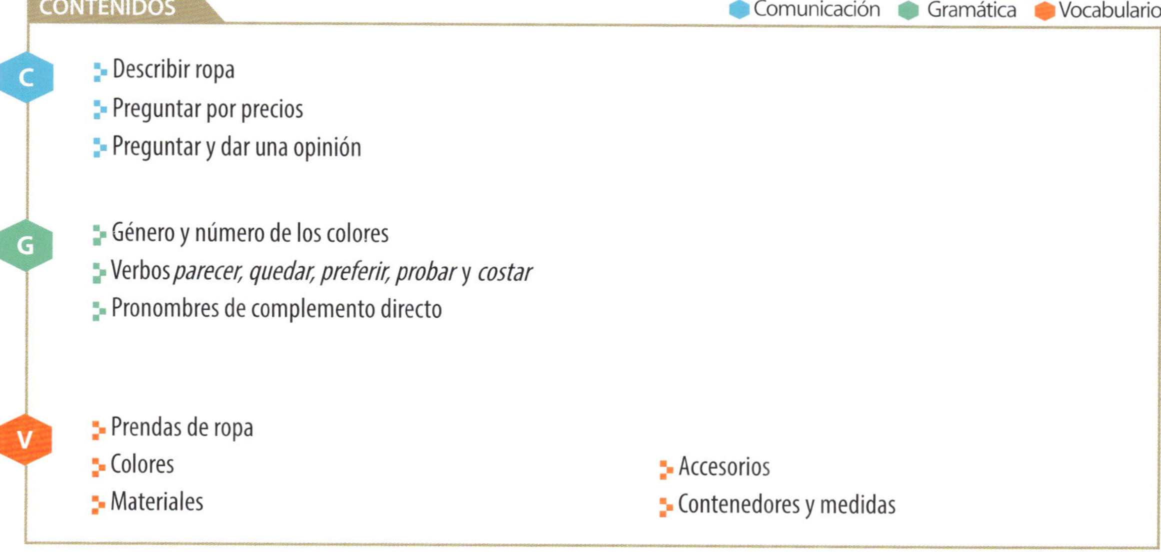

CONTENIDOS

Comunicación · Gramática · Vocabulario

C
- Describir ropa
- Preguntar por precios
- Preguntar y dar una opinión

G
- Género y número de los colores
- Verbos *parecer, quedar, preferir, probar* y *costar*
- Pronombres de complemento directo

V
- Prendas de ropa
- Colores
- Materiales
- Accesorios
- Contenedores y medidas

A Rebajas

ESCUCHA y **LEE** el diálogo. Sara y Laura están enfrente de un escaparate.

Sara: Mira ese vestido azul corto. ¿Qué te parece?
Laura: Es precioso, y los zapatos también.
Sara: ¿Cuánto cuesta?
Laura: Ahí está el precio, el vestido cuesta 45,50 euros, y los zapatos cuestan 37 euros.
Sara: ¡Qué caros!
Laura: Sí, pero tienen descuento.
Sara: Me lo quiero probar.
Laura: ¿Por qué no entramos, y te lo pruebas?
Sara: Vamos.

LEE otra vez el diálogo y **RESPONDE** a las preguntas.

a. ¿Cómo es el vestido?
b. ¿Cuánto cuesta?
c. ¿Cuánto cuestan los zapatos?
d. ¿Hay descuento?
e. ¿Qué quiere hacer Sara?

3 **ESCRIBE** el nombre de los colores y **COMPLETA** las descripciones.

a. b. c.

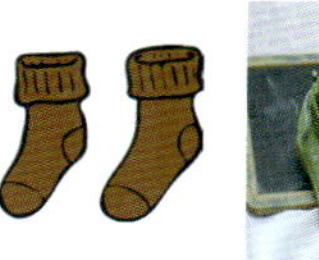 

d. e.  f.

a. Una camiseta amarill
b. Una blusa roj
c. Una camisa blanc
d. Unos pantalones gris
e. Unos calcetines marron
f. Unos zapatos verde

PARA HABLAR

- Preguntar el precio: ¿Qué precio tiene(n)...? / ¿Cuánto cuesta(n)...?

A: ¿Qué precio tiene el vestido? / ¿Cuánto cuesta el vestido?
B: El vestido cuesta 45,50 euros.

A: ¿Qué precio tienen los zapatos? / ¿Cuánto cuestan los zapatos?
B: Los zapatos cuestan 37 euros.

4 **PREGUNTA** a tu compañero por el precio.

46 €

A: ¿Cuánto cuesta el vestido rojo?

B: Cuesta 46 euros.

19,99 €
(de cuadros)

36,20 €
(de rayas)

14,50 €
(de flores)

15,99 €
(de lunares)

7 €
(liso)

28,80 €
(estampada)

PARA HABLAR

Preguntar y dar una opinión:

A: ¿Qué te parece el vestido?

B: Me parece precioso.

¿Qué te parece(n)...?

A: ¿Qué te parecen los zapatos?

B: Me parecen preciosos.

5 **RELACIONA** las palabras de la izquierda con su antónimo.

1. barata
2. bonita
3. larga
4. moderna
5. amplia
6. cómoda
7. barata

a. corta
b. estrecha
c. incómoda
d. clásica
e. pequeña
f. cara
g. fea

B Lo compro

 **1** **ESCUCHA** y **LEE** el diálogo. Sara se prueba el vestido azul.

Dependienta:	Buenos días, ¿qué desean?
Sara:	Quiero probarme el vestido del escaparate.
Dependienta:	Claro que sí. ¿De qué talla?
Sara:	La grande, por favor.
Dependienta:	Lo tenemos en rojo y negro también. ¿De qué color?
Sara:	Prefiero el azul.
Dependienta:	Aquí tiene. El probador está a la derecha.
	...
Sara:	¿Cómo me queda?
Laura:	Muy bien.
Dependienta:	Tiene un veinte por ciento de descuento.
Sara:	Lo compro.
Dependienta:	¿Paga con tarjeta o en efectivo?
Sara:	En efectivo. Aquí tiene.
Dependienta:	Gracias por su compra. Hasta luego.

2 **ESCUCHA** otra vez y **RESPONDE** a las preguntas.

a. ¿Qué talla tiene la clienta?
b. ¿En qué colores tienen el vestido?
c. ¿Qué color prefiere la clienta?
d. ¿Cómo le queda?
e. ¿Cómo es el pago?

PARA HABLAR

Dependiente/cliente:

D: ¿Qué desea?	D: ¿De qué talla?	D: ¿De qué color?	D: ¿Paga en efectivo o con tarjeta?
C: Quiero…	C: De la talla…	C: (De color) Azul / rojo…	C: En efectivo. / Con tarjeta.

3 RELACIONA las oraciones de la izquierda con las de la derecha.

1. Buenas tardes, ¿puedo ayudarle?
2. Las tenemos rojas, verdes y azules.
3. ¿Qué talla quiere?
4. Aquí tiene.
5. ¿Cómo le queda?
6. ¿Cómo va a pagar?

a. Con tarjeta.
b. ¿Dónde está el probador?
c. Sí, busco una camisa lisa.
d. Roja, por favor.
e. Mediana.
f. Bien, me la llevo.

PARA HABLAR 

Opinar sobre la ropa: ¿Cómo me queda(n)...?

A: ¿Cómo me queda(n) el vestido (los pantalones)?
B: Te queda(n) bien/mal/grande(s)/pequeño(s)/ largo(s)/corto(s)/ajustado(s)...

Preferencias (gustar más)

A: ¿Qué vestido prefieres, el (vestido) corto o el largo?
B: Prefiero el corto.

4 DESCRIBE cómo les queda la ropa a la siguientes personas.

5 **HABLA** y **PRACTICA** con tu compañero siguiendo el modelo.

Estudiante 1:

1. Saluda y ofrece ayuda al cliente.
3. Pregunta por el color.
5. Pregunta por la talla.
7. Trae y da la prenda de ropa. Indica el probador.
9. Dice el precio.
11. Pregunta la forma de pago.
13. Se despide.

Estudiante 2:

2. Responde al saludo y pide una prenda de ropa.
4. Elige un color.
6. Dice la talla.
8. Pregunta por el precio.
10. Compra la prenda.
12. Paga.
14. Se despide.

6 **PRACTICA** en parejas. ¿Qué ropa lleva/usa hoy tu compañero(a)?

Mi compañero lleva unos pantalones vaqueros cortos, una camiseta de rayas, unas zapatillas deportivas, etc.

C Hacemos la compra

ESCUCHA y **REPITE** la lista de la compra.

2 botellas de leche
1 docena de huevos
3 barras de pan
1 kilo de tomates
1 paquete de galletas
3 latas de atún
un cuarto de queso
1 frasco de mayonesa
1 caja de detergente

ESCUCHA el diálogo y **ESCRIBE** los precios que faltan.

	PRECIO
2 botellas de leche	22,50
1 docena de huevos	....
3 barras de pan	....
1 kilo de tomates	2,70
1 paquete de galletas	1,20
3 latas de atún	....
un cuarto de queso	....
1 frasco de mayonesa	1,50
1 caja de detergente	....
Precio total:	....

PARA HABLAR 

- Preguntar el importe:

¿Cuánto es? (Es) 1,20 € / (Son) 37,88 €

PREGUNTA y **CALCULA** con tu compañero el importe total de los siguientes productos de acuerdo con los precios anteriores.

- Cinco latas de atún, media docena de huevos y una botella de leche
- Medio kilo de queso y una lata de atún

- Dos kilos de tomates y tres paquetes de galletas
- Un frasco de mermelada y tres barras de pan

Más vocabulario

1 **LEE** las palabras del cuadro y **ESCRÍBELAS** debajo de la imagen correspondiente.

reloj · bolsa(o) · lana · cinturón · sombrero · piel · algodón · cuero · seda · gafas · gorra

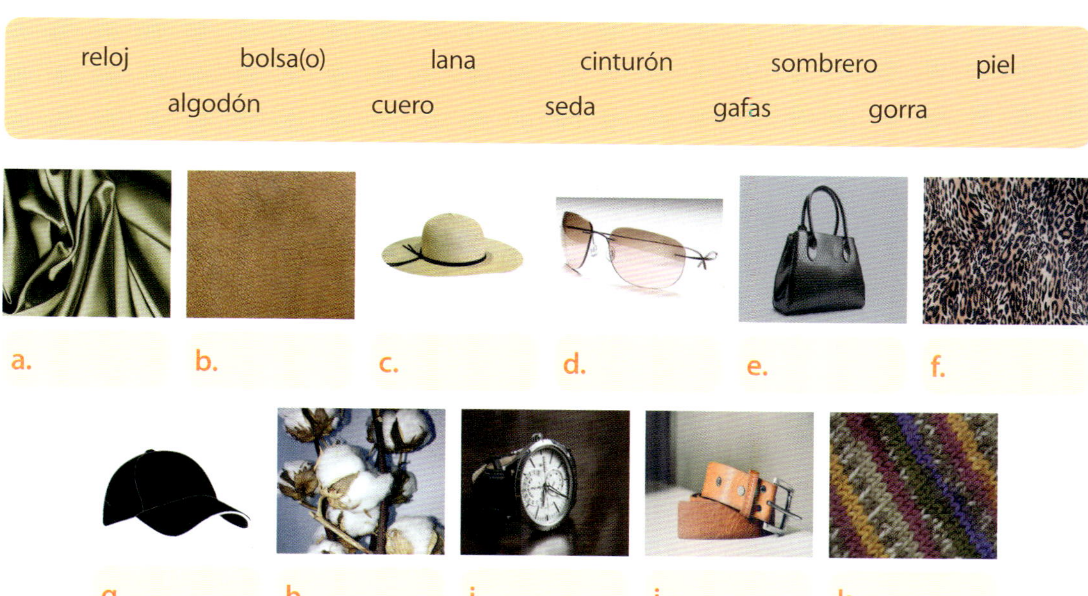

a. b. c. d. e. f.

g. h. i. j. k.

2 **CLASIFICA** las palabras en la categoría correspondiente.

MATERIALES DE ROPA	COMPLEMENTOS

3 **RELACIONA** las prendas con los materiales.

a. jersey — de seda
b. corbata — de lana
c. ropa interior — de cuero
d. falda — de algodón

4 **COMPLETA** con el nombre de los complementos.

a. ¿Qué hora es?
No sé. No tengo
b. No encuentro el del pantalón.
Creo que está dentro de la
c. Hace mucho sol. Tenemos que llevar , y
de sol.

Más gramática

Adjetivos de color

con género y número	con número
rojo(s) / roja(s) blanco(s) / blanca(s) negro(s) / negra(s) amarillo(s) / amarilla(s) morado(s) / morada(s)	verde(s) naranja(s) rosa(s) azul(es) marrón / marrones gris(es)

1 **ESCRIBE** el adjetivo de color de manera correcta.

1. La leche es ______ y el yogur natural es ______.
2. Las zanahorias son ______.
3. El tomate es ______ y la fresa es ______.
4. Los plátanos son ______ y las piñas son ______.
5. La lechuga es ______ y el pepino es ______.
6. El capuchino es ______.

PARECER / *QUEDAR* (SIGUEN EL MODELO DEL VERBO *GUSTAR*)

(A mí)		me		
(A ti)		te	parece	bien/mal/caro(a)/barato(a)...
(A él / ella / usted)		le	queda	bien/mal/grande/pequeño(a)...
(A nosotros / nosotras)	(no)	nos	parecen	bien/mal/caros(as)/baratos(as)...
(A vosotros / vosotras)		os	quedan	bien/mal/grandes/pequeños(as)...
(A ellos / ellas / ustedes)		les		

2 **ORDENA** las palabras para formar frases con sentido.

1. pantalones / les / grises / grandes / Esos / quedan
2. gafas / parecen / marrones? / esas / baratas / ¿Os
3. no / ropa / de / nosotros / tienda / la / nos / cara / A / parece / esa
4. le / bien / rojo / A / el / queda / muy / María / color
5. queda / una / pequeña / porque / más / Necesito / esta / grande / me / talla

3 COMPLETA con el verbo conjugado o con el pronombre adecuado.

1. ¿Qué les (parecer) mis botas nuevas?
encantan.

2. Lucía, ¿cómo queda?
Bien, pero me (parecer) un poco caro.

3. A Olivia y a Nuria quedan muy bien las faldas largas.

Pronombres de complemento directo: LO(S) / LA(S)

	SINGULAR	PLURAL
MASCULINO	lo	los
FEMENINO	la	las

4 COMPLETA las frases con el pronombre adecuado.

a. Me gusta mucho esta camisa. compro.
b. ¿Dónde están los probadores? No veo.
c. ¿Tiene descuento el jersey? Tiene un 20 % de descuento si paga en efectivo.
d. Me quedan pequeñas. No me llevo.
e. Me parece muy bonito el vestido. ¿Me puedo probar?

VERBOS DE CAMBIO VOCÁLICO: COSTAR / PROBAR(SE)/ PREFERIR

(Yo)	cuesto	(me) pruebo	prefiero
(Tú)	cuestas	(te) pruebas	prefieres
(Él/ella/Ud.)	cuesta	(se) prueba	prefiere
(Nosotros/nosotras)	costamos	(nos) probamos	preferimos
(Vosotros/vosotras)	costáis	(os) probáis	preferís
(Ellos/ellas/Uds.)	cuestan	(se) prueban	prefieren

5 COMPLETA con alguno de los verbos (conjugados) anteriores.

a. Señor, ¿por qué no el pantalón?
b. ¿Cuánto esa gorra del escaparate?
c. Alicia, ¿qué falda , la de rayas o la de cuadros?
d. Yo siempre pagar en efectivo.

Más comunicación

1 **ESCUCHA** los anuncios y **COMPLETA** la información que falta.

a. Aproveche, solo hoy un ______ por ciento de descuento en todo el Departamento de ______ Treinta por ______ de descuento. Aceptamos todas las ______ de ______.

b. ______ de ______ para caballeros, todas las ______ y ______, veinte por ciento de descuento pagando en ______ Sí, escuchó bien, veinte por ciento de descuento.

c. Visite nuestras tiendas *Sibel* y aproveche las ______ de fin de temporada; vestidos, ______, ______, ropa ______ y zapatos. Rebajas en cualquier forma de ______.

d. Informamos a todos nuestros ______ de que en la compra de tres ______ o más, se va a llevar gratis una corbata de ______; promoción válida hasta el 7 de abril.

2 **ESCUCHA** y **COMPLETA** el cuadro con la información correspondiente.

Conversación	¿Qué pide Él/la cliente?	Precio	¿Lo(s)/la(s) compra?
1			
2			
3			
4			

3 **HABLA** con tu compañero.

a. ¿Qué ropa usamos/llevamos en verano/invierno?

b. Menciona qué tipo de ropa y complementos llevas/usas en las siguientes situaciones:
   En el trabajo o en la universidad
   En un entrevista de trabajo
   En casa
   En la playa

UNIDAD 08

Invitaciones

CONTENIDOS

Comunicación · Gramática · Vocabulario

C

- Invitar o proponer, aceptar y rechazar una invitación
- Quedar o concertar una cita
- Describir acciones en desarrollo en el presente
- Expresar obligación o necesidad
- Preguntar el cumpleaños y el horóscopo y responder

G

- *Tener que* + infinitivo
- *Estar* + gerundio
- Presente de indicativo de *jugar, conocer* y *oír*

V

- Actividades y lugares de ocio
- Días de la semana, meses y estaciones del año

A ¿Quieres...?

ESCUCHA y **LEE** los siguientes diálogos.

A

Álvaro: ¿Quieres ir al teatro esta noche?
Laura: Mmm, no. No me gusta nada el teatro, ya lo sabes.
Álvaro: ¿Y al cine?
Laura: ¡Sí! Al cine siempre quiero ir. 1

Lucía: Mañana no hay clase. ¿Por qué no salimos esta noche?
Celia: ¡Vale!
Lucía: ¿A qué hora quedamos? ¿Y dónde?
Celia: Nos vemos a las ocho y media, en el bar de siempre. 2

B

C

Carlos: ¿Vemos el partido del sábado en mi casa?
Andrés: No sé, he quedado con Lola... ¿Quién juega?
Carlos: ¡Es el Clásico!
Andrés: ¡¿El Clásico!? Nos vemos el sábado. 3

Leo: ¿Tomamos un café? Te invito.
Julia: Lo siento, no puedo.
Leo: Venga, nunca quieres tomar un café conmigo...
Julia: No, de verdad, ahora mismo no puedo. Quizá otro día. 4

D

2 **ESCUCHA** otra vez y **RELACIONA** cada diálogo con su imagen correspondiente.

Diálogo 1: imagen ______ Diálogo 2: imagen ______
Diálogo 3: imagen ______ Diálogo 4: imagen ______

RESPONDE a las siguientes preguntas.

a. ¿En qué diálogos se acepta una invitación?
b. ¿En qué diálogos se rechaza una invitación?
c. ¿En qué diálogos se insiste?
d. ¿En qué diálogos se hacen dos invitaciones?
e. ¿En qué diálogo hay un cambio de planes radical?

PARA HABLAR

Invitar o proponer
A: ¿Quieres tomar un café?
A: ¿Tomamos un café?
A: ¿Por qué no tomamos un café?

Aceptar
B: Vale.
B: ¡Claro!
B: De acuerdo.

Rechazar
B: No puedo, lo siento.
B: Es que no tengo tiempo.
B: Lo siento, tengo que estudiar.

4 **PRACTICA** con tu compañero. **ESCRIBE** en la tarjeta cuatro cosas de la lista que te gusta hacer y cuatro cosas que no te gusta hacer. **INVITA** a tu compañero y **RESPONDE** a sus invitaciones (aceptándolas o rechazándolas) de acuerdo con tus gustos.

- Ver la televisión
- Ir al cine
- Tomar un té
- Bailar
- Ir a un museo
- Estudiar en la biblioteca
- Ver un partido de fútbol en la televisión
- Cenar en un restaurante mexicano

Me gusta	No me gusta
....	....
....	....
....	....
....	....

PARA HABLAR

Quedar o concertar una cita
A: ¿Quedamos mañana?
B: ¡Claro!
A: ¿A qué hora? ¿A las seis?
B: Perfecto, a las seis. ¿Y dónde quedamos?
A: En la Plaza Mayor.
B: De acuerdo. Allí nos vemos.

A: ¿Nos vemos esta tarde?
B: Sí, por supuesto. Tenemos que hablar.
A: ¿Por qué no cenamos juntos?
B: Vale. ¿Dónde?
A: ¿En mi casa? ¿A las ocho?
B: Estupendo. Nos vemos después.

5 **PRACTICA** en parejas. Tu compañero te propone actividades para este fin de semana. Responde según tus planes. Tenéis que quedar y concertar una cita (día, hora, lugar) al menos dos veces: una vez el sábado y otra vez el domingo.

Tu compañero

Sábado	
12:00	Comida con Laura
14:30	
18:00	Cena con Carlos
20:00	

Domingo	
12:00	
19:00	Visitar a mis abuelos

Tú

Sábado	
12:00	
14:30	Café con Fernando
18:00	Cena con mis padres
20:00	

Domingo	
12:00	
19:00	Estudiar español

B ¿Qué estás haciendo...?

ESCUCHA y **LEE** la conversación telefónica entre Amelia y Francisco.

Amelia:	¿Sí?
Francisco:	Hola, Amelia. ¿Me oyes?
Amelia:	Sí, sí, te oigo. ¿Qué tal?
Francisco:	Bien, bien. ¿Y tú?
Amelia:	Muy bien. Hoy es mi cumpleaños...
Francisco:	¡Es verdad! ¡Felicidades!
Amelia:	Gracias, Francisco. ¿Oyes la música?
Francisco:	Claro que sí, casi no puedo escucharte.
Amelia:	Estoy aquí, en mi casa, charlando, tomando algo y escuchando música con mis amigos. ¿Por qué no te vienes un rato?
Francisco:	Vale. Ahora mismo voy. Tengo ganas de verte. Estoy en tu casa en media hora.
Amelia:	Perfecto. ¡Te esperamos!

 2

ESCUCHA otra vez y **RESPONDE** a las preguntas. **CONFIRMA** o **CORRIGE** la información si es necesario.

a. Hoy es el cumpleaños de Francisco, ¿verdad?
b. ¿Dónde están Amelia y sus amigos?
c. Francisco casi no puede escuchar a Amelia. ¿Por qué?
d. ¿Qué están haciendo todos allí?
e. ¿Cuándo va a llegar Francisco a la fiesta?

PARA HABLAR

Describir acciones en desarrollo en el presente

A: ¿Qué estás haciendo?
B: Estoy viendo la televisión.

A: ¿Qué estáis haciendo?
B: Estudiando, mamá.

A: ¿Qué están haciendo?
B: Están hablando.

3

PIENSA diez cosas diferentes que suelen hacerse en una fiesta de cumpleaños. **ESCRIBE** después los diez verbos en infinitivo y en gerundio.

Infinitivo	Gerundio
....	....
....	....
....	....
....	....
....	....

Infinitivo	Gerundio
....	....
....	....
....	....
....	....
....	....

Francisco llega a la fiesta, pero no conoce a nadie. **ESCUCHA** las descripciones de Amelia y **ESCRIBE** el nombre de cada invitado en el hueco correspondiente.

Leer un libro sentado en una silla.

Hablar sentados en un sofá

Tomar un refresco de pie.

Comer un bocadillo de pie.

Bailar juntos.

Bailar y hablar al mismo tiempo.

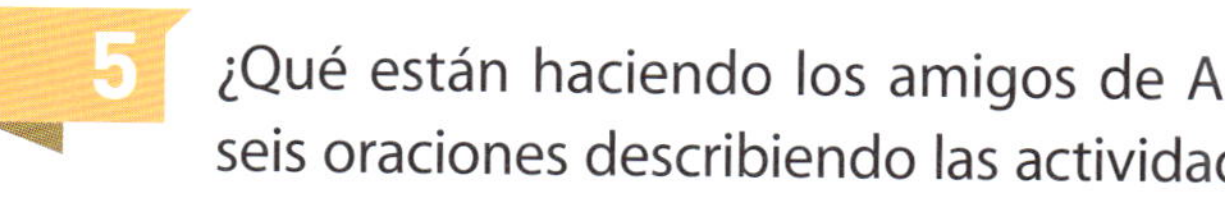

5 ¿Qué están haciendo los amigos de Amelia en su fiesta de cumpleaños? **ESCRIBE** seis oraciones describiendo las actividades que están realizando a partir del audio.

a.

b.

c.

d.

e.

f.

6 **PRACTICA** con tu compañero. **ESCUCHA** el audio una última vez e intenta **MEMORIZAR** lo que están haciendo los amigos de Amelia. ¿Quién tiene mejor memoria, tu compañero o tú?

1. ¿Qué está haciendo Pedro?
2. Está hablando con Alicia.
3. No. Sí está hablando, pero no con Alicia: está hablando con Sofía.
4. ¡Ah!, es verdad.

C ¡Feliz cumpleaños!

1 ¿Sabes cuál es tu signo del zodíaco? **COMPLETA** con las fechas y los nombres de los meses del recuadro para descubrirlo.

agosto	diciembre	abril	junio	febrero	noviembre

- Capricornio: del 21 de diciembre al ______ de enero.
- Acuario: del 20 de enero al ______ de febrero.
- Piscis: del 19 de ______ al 20 de marzo.
- Aries: del 21 de marzo al 20 de ______.
- Tauro: del ______ de abril al 20 de mayo.
- Géminis: del ______ de mayo al 20 de ______.
- Cáncer: del 21 de junio al 20 de julio.
- Leo: del ______ de julio al 21 de agosto.
- Virgo: del 22 de ______ al 22 de septiembre.
- Libra: del 23 de septiembre al 22 de octubre.
- Escorpio: del 23 de octubre al 22 de ______.
- Sagitario: del 23 de noviembre al ______ de ______.

PARA HABLAR

Preguntar el cumpleaños y el horóscopo y responder

A: ¿Cuándo es tu cumpleaños?
B: (Es) El 11 de septiembre.

A: ¿Cuál es tu signo del zodíaco?
B: (Soy) Virgo.

2 **ESCRIBE** solo con letras el cumpleaños, el signo del zodíaco y la edad de las siguientes personas. Después, **PREGUNTA** a tres compañeros su cumpleaños, su signo del zodíaco y su edad.

a. Felipe: 24-5-72. El cumpleaños de Felipe es el ______.
Es géminis. Tiene ______ años.
b. Sofía: 3-12-80. ______
c. Ángel: 29-9-90. ______

3 **RESPONDE** a las siguientes preguntas.

a. Si hoy es lunes, ¿qué día fue ayer? ______
b. Si mañana es martes 14 de julio, ¿qué día será pasado mañana? ______
c. Si antes de ayer fue jueves 5 de abril, ¿qué día es hoy? ______
d. Si hoy es domingo, ¿qué día es mañana? ______
e. Si pasado mañana es viernes 14 de septiembre, ¿qué día es hoy? ______

Más vocabulario

1 **ESCRIBE** el nombre del lugar debajo de cada imagen. ¿Qué puedes hacer y qué no puedes hacer en cada uno de ellos?

a.

b.

c.

d.

En una biblioteca se puede estudiar, pero no se puede hablar alto.

2 **RELACIONA** los sustantivos del recuadro con sus verbos correspondientes.

un periódico — música — una película — tenis — un libro — una canción — una revista — la radio — baloncesto — un programa de televisión — fútbol — una obra de teatro

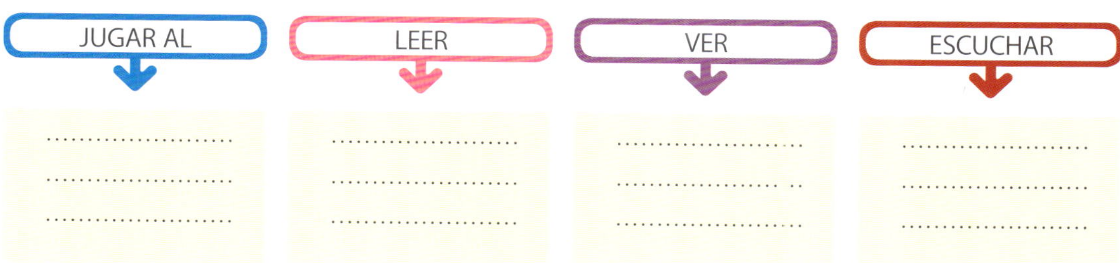

3 **COMPLETA** las oraciones con las palabras adecuadas del recuadro.

la siesta — la televisión — un paseo — un bocadillo — compras — tapas — fiesta — gimnasio — internet — excursión

a. Los fines de semana me gusta ver los partidos de fútbol en ______ y escucharlos por la radio.
b. A mi hermana y a mí nos encanta dormir ______ después de comer.
c. Mi hija come ______ de jamón y queso todos los días para merendar.
d. Navego por ______ durante más de tres horas al día, aunque a mi madre no le gusta nada.
e. Mis amigos y yo salimos de ______ todos los sábados por la noche.
f. Siempre que puedo, voy de ______ al campo con mi familia.
g. A todas mis amigas les encanta ir de ______ por diferentes tiendas de la ciudad.
h. Me encanta hacer ejercicio y siempre estoy en forma. Voy al ______ todos los días.
i. A mis padres les gusta mucho dar ______ por el parque después de cenar.
j. Una de las aficiones de los españoles es ir de ______ con sus amigos, de bar en bar.

Más gramática

TENER + *que* + infinitivo: se usa para expresar obligación o necesidad.

(Yo)	tengo				
(Tú)	tienes				
(Él/Ella/Ud.)	tiene	+	que	+	estudiar
(Nosotros/as)	tenemos				
(Vosotros/as)	tenéis				
(Ellos/Ellas/Uds.)	tienen				

1 **ESCRIBE** la forma correcta del verbo tener y **SELECCIONA** el infinitivo del recuadro.

tomar · irse · estudiar · tener · empezar · dejar

a. Si quieres conseguir una buena nota en este curso, ______ que ______ mucho más en clase.
b. ______ que ______, mi autobús sale a las tres y ya son las dos y media.
c. El médico nos lo dice siempre: "______ que ______ de beber para tener una buena salud".
d. Solo tenemos dos horas para terminar el trabajo, así que ______ que ______ ahora mismo.
e. Para poder ser felices, lo seres humanos ______ que ______ libertad.
f. Para llegar a su trabajo, mi hermana ______ que ______ el autobús y el metro.

Gerundios regulares

-ar	→	-ando	-er, -ir	→	-iendo
hablar		**hablando**	**comer**		**comiendo**
estudiar		**estudiando**	**vivir**		**viviendo**

Gerundios irregulares

-e-	→	-i-	-o-	→	-u-
decir		**diciendo**	**dormir**		**durmiendo**
reír		**riendo**	**morir**		**muriendo**

vocal + *iendo*	→	-*yendo*
caer		**cayendo**
ir		**yendo**

2 **ESCRIBE** los gerundios de los siguientes verbos. ¿Cuáles son irregulares?

a. escribir ______	e. jugar ______	i. caer ______
b. trabajar ______	f. pedir ______	j. conocer ______
c. leer ______	g. hacer ______	k. oír ______
d. dormir ______	h. venir ______	l. repetir ______

ESTAR + gerundio: se usa para la descripción de acciones en desarrollo.

(Yo)	estoy		
(Tú)	estás		
(Él/Ella/Usted)	está	+	estudiando
(Nosotros/as)	estamos		
(Vosotros/as)	estáis		
(Ellos/Ellas/Ustedes)	están		

3 **COMPLETA** los diálogos utilizando la perífrasis *estar* + gerundio y los verbos del recuadro.

ver estudiar dormir llegar ducharse

a. —Luis, ¿quieres tomar un café con nosotras?
—Lo siento, no puedo. ________ para el examen de mañana.

b. —¿Dónde estás, Eva? Ya son las nueve y media...
—Hay un atasco terrible, pero ya ________ . Nos vemos en cinco minutos.

c. —María, llaman a la puerta.
—¿Puedes abrir tú? Yo no puedo, ________ .

d. —Laura, ¿qué están haciendo los niños?
— ________ la televisión.

e. —¿Puedes hablar un poco más bajo? Tus padres ________ en el dormitorio de al lado.
—¿Todavía? ¡Ya son las once y media!

Verbos *jugar*, *conocer* y *oír*

	JUGAR	CONOCER	OÍR
(Yo)	juego	conozco	oigo
(Tú)	juegas	conoces	oyes
(Él/Ella/Usted)	juega	conoce	oye
(Nosotros/as)	jugamos	conocemos	oímos
(Vosotros/as)	jugáis	conocéis	oís
(Ellos/Ellas/Ustedes)	juegan	conocen	oyen

4 **ESCRIBE** las formas correctas de los verbos *jugar, conocer* y *oír.*

a. Yo no ________ a la novia de Alberto. Nunca la he visto. Y tú, ¿la ________ ?
b. Mi hermano y yo ________ al fútbol en el mismo equipo. Mi primo ________ en un equipo diferente.
c. ¿Me ________ cuando te hablo? Yo casi no te ________ a ti.
d. El Real Madrid y el Atlético de Madrid ________ entre ellos al menos dos veces al año.
e. ¿ ________ a Margarita? Es puertorriqueña. Va a ser vuestra profesora este semestre.

Más comunicación

1 **ESCRIBE** los nombres de las estaciones debajo de las imágenes. Después, **ESCUCHA** a Pamela, Óscar, Valeria e Ignacio. ¿Cuál es la estación del año favorita de cada uno? ¿Por qué? ¿Qué les gusta hacer en ese momento del año?

	Estación favorita	¿Por qué?	¿Qué le gusta hacer?
Pamela			
Óscar			
Valeria			
Ignacio			

2 **ESCUCHA** a cuatro personas hablando de sus aficiones y de las actividades que realizan en su tiempo libre. Después, **RESPONDE** verdadero o falso.

a. A Lorenzo le gusta mucho la literatura fantástica. ☐ Verdadero ☐ Falso
b. Elsa va mucho a bailar. ☐ Verdadero ☐ Falso
c. El padre de Lola es director de cine. ☐ Verdadero ☐ Falso
d. Borja toca muy bien el violín. ☐ Verdadero ☐ Falso
e. Lorenzo ve la televisión todos los días. ☐ Verdadero ☐ Falso
f. Elsa toca la guitarra. ☐ Verdadero ☐ Falso
g. Borja no trabaja mucho. ☐ Verdadero ☐ Falso
h. A Lola le gusta sobre todo leer novelas. ☐ Verdadero ☐ Falso

Y tú, ¿qué haces en tu tiempo libre? ¿Dónde sueles hacerlo? **COMPLETA** el cuadro con tus respuestas, expresando también la frecuencia.

Frecuencia	Actividad	Lugar
Yo siempre...		
Yo normalmente...		
Yo a veces...		
Yo nunca...		

UNIDAD 09

¡Nos vamos de excursión!

CONTENIDOS

Comunicación · Gramática · Vocabulario

C
- Expresar intenciones y planes
- Proponer planes: aceptar, rechazar, mostrar indiferencia
- Expresar probabilidad o duda
- Conversaciones telefónicas

G
- Ir + a+ infinitivo
- Pronombres personales
- Marcadores temporales

V
- Ocio: lugares, actividades, equipamiento
- Fórmulas para hablar por teléfono

A ¿Qué plan tienes?

1 ESCUCHA y **LEE** el diálogo entre los hermanos Manuel y Jaime el viernes después del trabajo.

Manuel: ¿Qué plan tienes este fin de semana, Jaime?
Jaime: Pues... hoy después de trabajar voy a sacar al perro y luego voy a quedar con Curro para tomarnos un refresco.
Manuel: Y el sábado, ¿qué vas a hacer?
Jaime: Voy a quedar a las 12:00 con papá para ir de excursión a la montaña.
Manuel: ¡Qué buen plan! ¡Me apunto!
Jaime: Y hoy, ¿no quieres venirte?
Manuel: No puedo. Salgo tarde del trabajo y luego voy a ir con Sofía al teatro.
Jaime: ¡Ah! Pues también es un buen plan.
Manuel: Bueno, nos vemos mañana en tu casa a las 12:00 y salimos los tres.
Jaime: Estupendo. ¡Hasta mañana!

2 ESCUCHA otra vez el diálogo y **RESPONDE** a las preguntas.

a. ¿Qué va a hacer Jaime el viernes después de trabajar?
b. ¿Por qué Manuel no puede ir con Jaime el viernes?
c. ¿Qué relación les une a Manuel y Jaime?
d. ¿A dónde van de excursión?
e. ¿Quiénes van a la excursión?

PARA HABLAR

Expresar una intención en el futuro inmediato

Ir (conjugado) + a + infinitivo

Voy a comer pizza esta noche.

Marcadores temporales

Ahora
Luego
Esta mañana / tarde / noche
El próximo fin de semana / mes / año, etc.
El mes que viene
Dentro de dos semanas / tres meses, etc.

3 HABLA y **PRACTICA** en parejas. **PREGUNTA** a tu compañero por sus planes.

¿Qué vas a hacer luego?

Voy a nadar con el club de natación.

4 ESCUCHA y LEE el diálogo de estos amigos.

Laura: ¡Hola! ¿Qué vais a hacer después de clase?
Pedro: Vamos a tomarnos un café con Alicia.
Juan: Sí, ¿quieres venirte?
Laura: No puedo. Voy a visitar a mi abuela. Y ¿cuándo vais al karaoke?
Pedro: No estamos seguros... quizás esta noche.
Laura: ¡Qué divertido! Y el sábado, ¿qué plan tenéis? Yo voy a estudiar matemáticas...
Juan: Pues yo voy a jugar al fútbol con unos amigos y luego vamos a ir al estadio a ver el partido de esta semana. Jornada futbolera... Je, je, je.
Pedro: Yo creo que voy a ir a la playa con mi hermano. Tiene muchas ganas de sol y arena.
Laura: ¡Fantástico! Os espera un buen fin de semana.
Juan: ¡Así es!

5 ESCUCHA otra vez el diálogo y RESPONDE verdadero o falso.

a. Pedro y Juan van a tomarse un café con Alicia antes de clase. ☐ Verdadero ☐ Falso
b. Laura va a visitar a su abuela después de clase. ☐ Verdadero ☐ Falso
c. Juan va a ver un partido de baloncesto. ☐ Verdadero ☐ Falso
d. Laura va a estudiar lengua. ☐ Verdadero ☐ Falso
e. Pedro cree que va a ir a la playa con su hermano de excursión. ☐ Verdadero ☐ Falso

6 LEE las siguientes oraciones y CONJUGA los verbos que aparecen entre paréntesis usando las estructuras de verbo estar (conjugado) + verbo en gerundio o verbo ir (conjugado) + a + verbo en infinitivo.

1. La familia ________ (ir/comer) pizza este viernes por la noche.
2. Rafa ________ (estar/bañarse) en la piscina ahora.
3. Francisco y Julia ________ (ir/jugar) al tenis después de hacer los deberes.
4. Prefiero ir a la playa este fin de semana, el próximo ________ (ir/llover).
5. ¿________ (ir/ir) de excursión este verano, Sofía?
6. Ana y Laura ________ (estar/comer) un bocadillo para reponer fuerzas.

B ¿Qué prefieres?

1 **ESCUCHA** y **LEE** el siguiente diálogo.

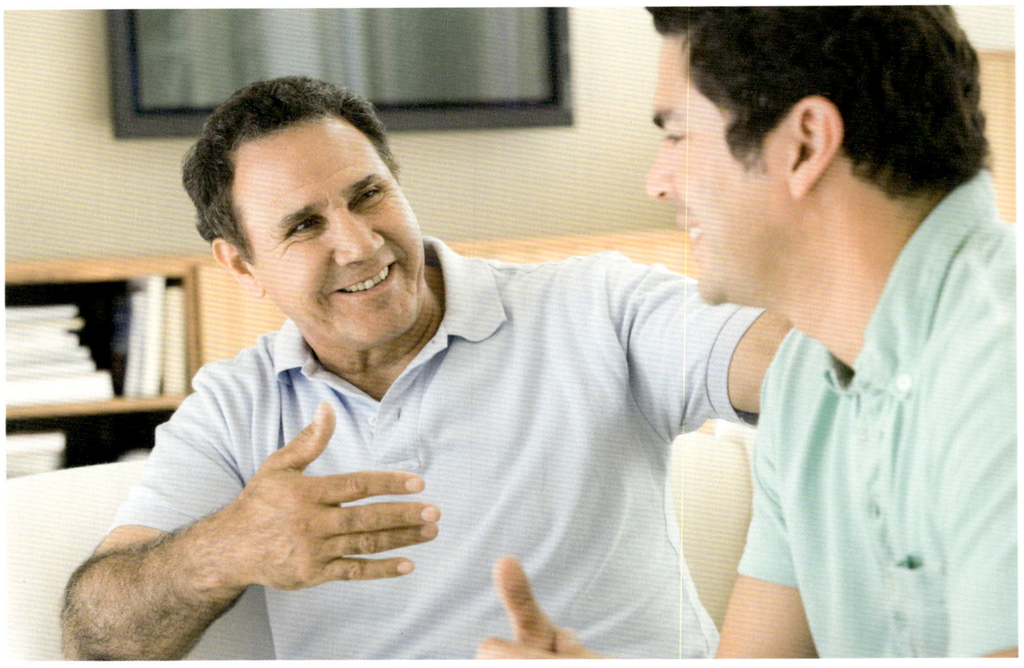

Borja: La próxima primavera voy a ir con mi familia de viaje a Alemania. ¿Queréis acompañarnos?
Luis: ¿Sí? ¡Qué divertido! ¿Cuándo vais a ir exactamente?
Borja: Aún no es fija la fecha, pero quizás del 25 al 31 de mayo.
Luis: ¿Y por qué no vamos mejor a Italia o a Francia?
Borja: Mmm, no sé. No lo había pensado.
Luis: Yo prefiero ir a países que están más cerca y, con los niños, un viaje largo…
Borja: Vale, le voy a preguntar a mi mujer. A ver qué prefiere.
Luis: Estupendo, ya me cuentas.

2 ESCUCHA otra vez y RELACIONA las preguntas con sus respuestas correspondientes.

a. ¿Adónde quiere ir de viaje Borja?
b. ¿En qué estación del año está planeando ir?
c. ¿Quién propone un nuevo plan?
d. ¿Por qué prefiere Italia o Francia?
e. ¿A quién tiene que preguntarle Borja?

1. Primavera.
2. Porque están más cerca.
3. Alemania.
4. A su mujer.
5. Fernando.

PARA HABLAR

Proponer planes

Pregunta: ¿Quieres venir a Madrid? / ¿Te vienes a Madrid?

- **Aceptar:** Vale, genial. ¡Qué buen plan!
- **Expresar indiferencia:** No sé. Me da igual
- **Rechazar:** No me apetece mucho.
- **Plantear una alternativa:** Prefiero ir al Sur. ¿Por qué no vamos a Sevilla?

3 HABLA y PRACTICA en parejas. PROPONLE un plan a tu compañero que pueda interesarle.

Estudiante 1

1. Propón un plan.
3. Acéptalo o recházalo.

Estudiante 2

2. Recházalo y plantea una alternativa.

4 **ESCUCHA** y **LEE** la conversación telefónica entre estas dos amigas.

Belén: Hola, Paula, ¿qué tal?
Paula: Muy bien, ¿y tú?
Belén: ¡Genial! Oye, ¿te vienes de excursión a Cataluña este verano?
Paula: Mmm, ¿por qué no vamos mejor a los Pirineos franceses?
Belén: Preferimos ir a Cataluña para no perder la costumbre. La tradición es la tradición, je, je.
Paula: De acuerdo. Me lo voy a pensar.
Belén: Oye, ¿quieres venir a cenar a mi casa esta noche? Vienen María, Matilde...
Paula: Sí, claro, me apetece. ¿Nos vemos sobre las 10 en tu casa?
Belén: Perfecto. ¡Hasta luego!

5 **ESCUCHA** otra vez y **CORRIGE** la información siguiente si fuera necesario.

Paula prefiere ir a Cataluña.

Belén invita a Paula a ir a su casa a cenar.

No va nadie a casa de Belén a cenar.

Paula, Belén y sus amigas han quedado a las 10.

Belén prefiere ir a Cataluña.

6 **IMAGINA** que estas son tus opciones para las próximas vacaciones. **HABLA** con tu compañero y elige un destino para ir juntos.

montaña

playa

monumentos

museos

zoo

acuario

C Riiinnnggg, riiinnnggg

1 **ESCUCHA** y **COMPLETA** las conversaciones.

Diego: ¿ ?
Ángela: ¿Está Pilar, por favor?
Diego: No, no. Se ha
Ángela: ¿No es este el 954817258?
Diego: No, es el 954817
Ángela: ¡Uy, perdone!
Diego: Je, je, no preocupe.

Rosario: ¿Diga?
Ángela: ¿Está Miguel, por favor?
Rosario: ¿De parte de quién?
Ángela: De Ángela.
Rosario: lo paso.

2 **LEE** la siguiente conversación y **ELIGE** la opción correcta. Ten presente que son conversaciones formales.

Telefonista: Federación Española de Tenis,
a) ¿dígame?
b) ¿oiga?
Señor Pérez: Buenos días. ¿Puedo hablar con el señor Rodríguez, por favor?
Telefonista: No está en este momento.
a) ¿Quién le llama?
b) ¿Quién eres?
Señor Pérez: Soy el señor Pérez. ¿ cuándo puedo localizarle?
a) Sabes
b) Sabe
Telefonista: No, no lo sé. ¿Quiere dejar algún ?
a) recado
b) cosa
Señor Pérez: No, gracias. No se preocupe. Llamaré más tarde.

3 **PRACTICA** en parejas las siguientes situaciones telefónicas: se ha equivocado, la persona responde directamente y la persona no está.

Más vocabulario

1

OBSERVA el dibujo y **RELACIONA** cada palabra con la imagen correspondiente. ¡Prepárate para la excursión! Algunas de las cosas que hay que llevar son…

- ◯ mochila
- ◯ comida
- ◯ agua
- ◯ ropa cómoda
- ◯ saco de dormir
- ◯ protección solar
- ◯ tiritas
- ◯ sombrero
- ◯ linterna
- ◯ navaja

1 2 3 4 5

6 7 8 9 10

2

LEE y **RELLENA** con las palabras del recuadro.

familia — ocio nocturno — montaña — balneario — naturaleza
monumentos — sol y playa — gastronomía — turismo activo

a. Me gustan mucho las actividades en ______ Me encanta ir con mis hijos al acuario, al zoo...
b. Soy una persona muy aventurera. Me interesa el ______.
c. Cuando voy de excursión a algún sitio nuevo, siempre trato de probar su ______ ¡Me encanta comer!
d. Este fin de semana vamos a ver mucha ______ Nos vamos de excursión al campo.
e. En el próximo viaje no puede faltar ______ Después de la playa siempre sienta bien ir a dar una vuelta por los bares, terrazas y discotecas.
f. Yo prefiero aprender sobre la cultura de los países que visito. Ver las catedrales, museos e iglesias. Los ______ en general.
g. Yo soy más de ______ Disfruto mucho en el agua. Sin embargo, mi marido es más de ______.
h. Mamá, te veo muy estresada. ¿Quieres que vayamos esta tarde al ______? Seguro que un rato en la sauna y unos masajes te sientan muy bien.

3

ESCRIBE las palabras en el grupo correspondiente y **AÑADE** el artículo cuando sea necesario.

Ir de… ➔
....
....
....
....

Ir a… ➔
....
....
....
....

campo	lago
excursión	playa
piscina	viaje
vacaciones	montaña

Más gramática

¿Cómo se utilizan los pronombres personales de complemento y reflexivos?

Pronombres personales		
Sujeto	**Complemento directo**	**Reflexivo**
(Yo)	me	me
(Tú)	te	te
(Él/Ella/Ud.)	lo/le-la	se
(Nosotros/as)	nos	nos
(Vosotros/as)	os	os
(Ellos/as/Uds.)	los/les- las	se

DELANTE del verbo conjugado (yo, tu, él/ella/ud., nosotros/as, vosotros/as, ellos/as/uds.).

- Ya he comprado el pan.
- Sí, lo he visto en la cocina.

Pr (pronombre) + **V** (verbo conjugado)

DETRÁS del verbo en imperativo.

- Cómete los macarrones o no vas a jugar.
- Ya me los como.

V (infinitivo) + Pr

DELANTE o DETRÁS del verbo en infinitivo o gerundio.

- ¿Quieres comprar un coche?
- Sí, lo quiero comprar. // Sí, quiero comprarlo.

- ¿Estás leyendo un libro?
- Sí, lo estoy leyendo. // Sí, estoy leyéndolo.

Pr + V (gerundio, imperativo) o V + **Pr**

1 **LEE** cada frase y **COLOCA** el pronombre correspondiente: *te, lo, me, nos, la, nos* y *os*.

1. ¿Conoces a la novia de mi hermano?
   Sí, ________ conozco. Es monísima.
2. ¿Tienes el último libro de Harry Potter?
   No, no ________ tengo. ¿Tú ________ tienes?
3. Vamos niños, ¡duchar ________ antes de cenar!
   ¡Ya vamos, mamá!
4. ¿Qué prefieres, macarrones o lentejas?
   ________ gustan las dos cosas, pero prefiero macarrones.
5. ¡Carmen, siénta ________ ya, son las 19:00 y no has estudiado nada!
   Voy, ________ siento en cuanto ________ termine el bocadillo.
6. Vamos a callar ________, el profesor se va a enfadar.
   Sí, sí, vamos a prestar atención.

2 **SUBRAYA** la forma correcta.

a) Esta tarde Ana y yo voy/vamos a hacer la compra.
b) ¿Tienes ya la entrada para el concierto? Sí, ya la/lo tengo.
c) Este verano tenemos dos opciones. Podéis/podemos ir al campo o a la montaña.
d) Begoña y Alberto están comiendo/comen ahora, después lo/te haremos nosotros.
e) ¿Qué prefieres, Antonio? ¿Bañarte/bañarse o dar un paseo?

- **Expresar probabilidad, duda o incertidumbre.**
  Marta: ¿Vienes esta noche a cenar al italiano?
  Daniela: No sé. Creo que no.

  Rocío: ¿Vas a ir al cumpleaños de Jorge?
  Matilde: Sí, creo que sí.

- **Expresar afirmación o negación.**
  • No, seguro que no.
  • Sí, seguro que sí.

3 **CONTESTA** a las siguientes preguntas.

a. ¿Es el euro la moneda de Inglaterra?
b. ¿Canadá está en el sur de América?
c. ¿La paella es famosa en España?
d. ¿Madrid tiene playa?
e. ¿El chile se usa para cocinar en México?
f. ¿En Sevilla y Córdoba hace mucho calor en verano?

Verbos *viajar, preferir, llegar,* y *hacer.*

	VIAJAR	PREFERIR	LLEGAR	HACER
(Yo)	**viajo**	**prefiero**	**llego**	**hago**
(Tu)	**viajas**	**prefieres**	**llegas**	**haces**
(Él/ella/Ud.)	**viaja**	**prefiere**	**llega**	**hace**
(Nosotros/as)	**viajamos**	**preferimos**	**llegamos**	**hacemos**
(Vosotros/as)	**viajáis**	**preferís**	**llegáis**	**hacéis**
(Ellos/as/Uds).	**viajan**	**prefieren**	**llegan**	**hacen**

LEE y **CORRIGE** todo aquello que sea necesario.

a. Yo viaja todas las navidades con el familia.
b. Nosotros preferimos ir al excursión antes que estar sentados en casa.
c. ¿Quién va a hacemos los bocadillos?
d. ¿Has visto mi bolso? No, yo no la he visto.
e. Este año vamos a ir a el lago a ver patos.
f. ¿Por qué prefieres quedar en casa? ¿No prefiero ir a la calle?
g. En vacaciones, me gusta ir de playa.

ELIGE la continuación correcta.

1. Estoy seguro de que
2. No quiero ir de viaje.
3. ¿Tienes ya el dinero?
4. Federico y Matías van
5. Eduardo,

a. a ir a tomar un café.
b. ¿puedes prestarme la calculadora?
c. le gustará esa película.
d. No, no lo tengo.
e. Este año prefiero descansar.

Más comunicación

1 **ESCUCHA** las siguientes conversaciones entre una agencia de viajes y sus clientes. **COMPLETA** la tabla.

	Javier	Elena	Hugo
¿Con quién viaja?			
Destino			
Duración			
Excursión			
Alojamiento			

2 **HACED GRUPOS** y **ELEGID** un destino. **EXPONED** a la clase vuestros planes.

¿Cuándo vais a ir?
¿Por qué habéis elegido ese destino?
¿Cómo vais a ir?
¿Dónde vais a alojaros?
¿A dónde vais a ir?
¿Qué vais a hacer?

3 **HABLAD** y **PRACTICAD** en parejas. **PREPARAD** una conversación similar a la del ejemplo.

Agencia

- *Viajesur*, buenos días, le atiende ________, ¿En qué puedo ayudarlo?
- ¿A dónde quiere ir? ¿Cuánto tiempo?
- ¿Van a hacer alguna excursión?
- ¿Llevan mascota?
-

Cliente

- Buenos días, le llamo porque
- Me gustaría ir ________ Más o menos durante
- Pues
- Sí/no
-

Notas

UNIDAD 10

Han salido

CONTENIDOS

Comunicación · Gramática · Vocabulario

C

- Hablar de hechos pasados (I)
- Preguntar por la causa y justificarse
- Aceptar excusas
- Hablar de un pasado reciente

G

- Pretérito perfecto compuesto
- Participios
- Marcadores temporales (II)
- Pretérito indefinido (1ª persona) de estar, ir

V

- Expresiones de sorpresa, decepción y aburrimiento
- Los sonidos de los animales

A Siempre pretextos

1 **ESCUCHA** y **LEE** el diálogo entre dos amigos, uno de ellos se disculpa y justifica.

Juan: Noé, ¿por qué has llegado tarde?
Noe: Lo siento, es que he perdido el autobús.
Juan: Bueno…, no pasa nada, pero date prisa, porque la película va a empezar.
Noe: ¿Has comprado las entradas?
Juan: Sí, esta mañana.
Noe: ¡Vaya, qué bien! Por cierto, ¿has elegido *La dictadura perfecta*?
Juan: Lo siento, es que se han vendido todas las entradas para esa película y he elegido *La misma luna.*
Noe: Bueno, no importa. Esa está bien.

2 **ESCUCHA** otra vez el diálogo y **RESPONDE** a las preguntas.

a. ¿Quién ha llegado tarde?
b. ¿Por qué ha llegado tarde?
c. ¿Quién ha comprado las entradas?
d. ¿Quién ha elegido la película?
e. ¿Finalmente, qué película ha elegido?

PARA HABLAR

- Causa → A: ¿Por qué **has llegado** tarde?
- Excusa → B: Lo siento, es que **he perdido** el autobús.
- Aceptación de excusas → A: Está bien, no te preocupes. / Bueno…, no pasa nada. / No importa.

3 **PRACTICA** con tu compañero. **PREGUNTA** por la causa y **ESCUCHA** las excusas y **ACÉPTALAS**.

A: ¿Por qué **has llegado** tarde?
A: Está bien, no te preocupes.
A: ¿Por qué **no has estudiado**?
A: ...
A: ¿Por qué **no has ido** a clase?

B: Lo siento, es que **he perdido** el taxi.
B: … no (tener) tiempo.
B: … no (poder).

4 **ESCUCHA** y **LEE** la conversación entre Laura y Ana.

Laura: Ana, dime, ¿qué has hecho esta semana?

Ana: Esta semana he ido al Planetario Alfa y he aprendido muchas cosas de una manera divertida.

Laura: Suena interesante. Cuéntame más.

Ana: El Planetario Alfa es un museo de ciencia, historia y tecnología. Ahí he visitado el aviario, el acuario, el observatorio astronómico. También he ido al museo de ciencia, donde he elaborado un algodón de azúcar usando las tres leyes de Newton. Y en el museo de historia he conocido más sobre los olmecas, mayas, teotihuacanos, zapotecas, huastecos, totonacas, mexicas y Occidente. También he visto una película en proyección hemisférica, en sistema IMAX DOME.

Laura: ¡Qué interesante!

5 **ESCUCHA** otra vez el diálogo y **RESPONDE** verdadero o falso.

a. Laura ha ido al Planetario. ☐ Verdadero ☐ Falso
b. Ana ha preparado un algodón de azúcar. ☐ Verdadero ☐ Falso
c. Ana ha visto mucha variedad de pájaros. ☐ Verdadero ☐ Falso
d. Ana ha conocido más sobre México. ☐ Verdadero ☐ Falso
e. Ana ha visto una película. ☐ Verdadero ☐ Falso

PARA HABLAR

De un pasado reciente (pretérito perfecto)

	PRESENTE DE HABER	+	PARTICIPIO
(Yo)	he		
(Tú)	has		
(Él/Ella/Usted)	ha		llegado (llegar)
(Nosotros/as)	hemos		comido (comer)
(Vosotros/as)	habéis		salido (salir)
(Ellos/Ellas/Ustedes)	han		

6 **RELACIONA** los verbos con su participio y **ESCRÍBELOS**.

sabido vivido trabajado tenido jugado oído conocido estudiado dormido abierto

VIVIR	SABER
TRABAJAR	JUGAR
ESTUDIAR	CONOCER
DORMIR	OÍR
ABRIR	TENER

B ¿Qué has hecho este mes?

 1 **ESCUCHA** y **LEE** el diálogo entre Luis y Rosa, hablando de lo que han hecho este mes.

Luis: Hola, Rosa. ¿Qué has hecho este mes?
Rosa: Este mes he estudiado un curso intensivo de español, y hace quince días fui a Cancún. Estuve allí solo un fin de semana.
Luis: Entonces, es por eso que no te he visto.
Rosa: Así es. ¿Y tú? ¿Qué has hecho este mes?
Luis: Bueno, no he estudiado nada de español y he salido muy poco.
Rosa: ¿Por qué?
Luis: Es que no he tenido tiempo, porque en la oficina ha habido mucho trabajo. Pero la semana pasada fui al cine con Paloma

2 **ESCUCHA** otra vez y **RESPONDE** a las preguntas. **CONFIRMA** o **CORRIGE** la información si es necesario.

a. ¿Este mes Rosa ha estado en la playa?
b. ¿Este mes Rosa no ha estudiado español?
c. ¿Este mes Luis no ha tenido mucho trabajo?
d. ¿El mes pasado Luis vio una película?
e. ¿Este mes Luis ha salido con Paloma?

PARA HABLAR

De hechos pasados recientes (Pretérito Perfecto)

A: ¿Qué has hecho *hoy?
B: *Esta mañana he ido al Planetario Alfa

Esta tarde / noche / semana / Este fin de semana / mes / año

De hechos pasados (Pretérito Indefinido)

A: ¿Qué hiciste *ayer?
B: Fui al Museo de Historia Nacional y estuve con unos amigos

La semana pasada / el mes pasado / El año pasado / el verano pasado

3 **HABLA** y **PRACTICA** con tu compañero siguiendo el ejemplo.

Estudiante 1

1. ¿Qué has hecho esta semana?
3. ¿Qué (hacer) esta tarde?
5. ¿Qué (comer) este fin de semana?
7. ¿Dónde (estudiar) hoy?

Estudiante 2

2. Esta semana he ido al cine.
4. ... (ir) al dentista.
6. ... (comer) muchas hamburguesas.
8. ... (estudiar) en la biblioteca.

 **ESCUCHA** la conversación de Luz y Paco. ¿Qué comida no ha probado Paco?

Tacos al pastor

Caldo tlalpeño

Carne asada

Queso fundido con chorizo y tortillas de maíz

Salsa picante en molcajete

 **ESCUCHA** otra vez y **RESPONDE** a las preguntas. **CONFIRMA** o **CORRIGE** la información si es necesario.

a. ¿Luz fue a México hace tres años?
b. ¿Paco no ha ido a México?
c. ¿Paco ha probado la comida mexicana?
d. ¿Paco tiene una amiga mexicana?
e. ¿A Paco no le gusta la comida mexicana?

PARA HABLAR

De experiencia

A: ¿**Has estado alguna vez** en México?
B: No, nunca he ido.

A: ¿**Has probado alguna vez** la comida mexicana?
B: Sí, ayer en casa de una amiga mexicana.

De una obligación no realizada

A: *Tienes que estudiar español*, mañana es el examen. ¿*Ya estudiaste*?
B: **No, todavía no he estudiado.**

A: *Tienes que limpiar* tu habitación. ¿*Ya la limpiaste*?
B: **No, todavía no la he limpiado.**

 6 **HAZ** una lista de seis actividades que haces todos los días. Después, **HAZ** otra lista con las que has hecho ya y las que no has hecho todavía hoy.

Cosas que haces todos los días:	Cosas que: ya has hecho hoy / no has hecho todavía:
1.	
2.	
3.	
4.	
5.	
6.	

C ¡Qué interesante!

 **1** **ESCUCHA** las siguientes conversaciones. Varias personas expresan sorpresa, decepción y aburrimiento. **ESCRIBE** las expresiones que oigas.

1.

2.

3.

4.

5.

6.

7.

2 **CLASIFICA** las expresiones de la actividad anterior dentro de la categoría correspondiente. **UTILIZA** las expresiones para reaccionar en cada una de las situaciones que se proponen.

Sorpresa	Decepción	Aburrimiento

1. He sacado un 100 en el examen. – .
2. Estoy muy cansado. Tengo mucho calor, hambre y sueño. – .
3. Por fin, he terminado mi tarea. – .
4. He trabajado todo el día y todavía me falta mucho por hacer. – .
5. Se terminó la batería del celular, y necesito hacer una llamada. – .
6. ¡He bajado de talla! Ahora ya me queda bien la ropa. – .

3 **PRACTICA** con tu compañero. **DI** una frase y tu compañero reacciona usando una expresión. **INTENTA** decir expreciones nuevas en cada ocasión.

Ejemplo 1

Elena: He comprado este obsequio para ti, ¿te gusta?
Flor: ¡Qué bonito! ¡Me encanta!

Ejemplo 2

Violeta: Esta blusa es nueva. ¿Cómo me veo?
Laura: ¡Qué bien te ves!
Violeta: Gracias amiga.

Más vocabulario

1 **LEE** los nombres de los sonidos y **ESCRÍBELOS** debajo de la imagen correspondiente.

aullar > aullido	quejarse > quejido	mugir > mugido	cacarear > cacareo
rugir > rugido	roncar > ronquido	chasquear > chasquido	suspirar > suspiro
ladrar > ladrido	silbar > silbido	gritar > grito	relinchar > relincho
maullar > maullido	zumbar > zumbido	trinar > trino	llorar > llanto

a.

b.

c.

d.

e.

2 **COMPLETA** las frases con el nombre del sonido correspondiente.

a. Sabemos que una gallina ha puesto un huevo por su
b. Sabemos que alguien está enfermo, porque escuchamos su
c. Sabemos que una persona está silbando, porque escuchamos su
d. Sabemos que alguien está durmiendo, porque escuchamos su
e. Sabemos que hay pájaros, porque escuchamos su
f. Cuando el león ruge, escuchamos su
g. De una persona enamorada escuchamos su
h. Sabemos que hay un caballo cuando escuchamos su

3 **ESCRIBE** las palabras en el lugar correspondiente.

gruñido	graznido	rebuzna	trino	canto	zumbido

Me gusta mucho ir al rancho de mis abuelos, porque es muy diferente a la ciudad. Allí puedo escuchar muchos sonidos únicos. En la mañana, muy temprano, escucho el (cantar) del gallo que anuncia el inicio del día, y cuando me acerco al chiquero de los cerdos escucho su (gruñir) . También escucho el (graznar) de los patos en el lago, el (trinar) de los pájaros en los árboles y, con un poco de atención, puedo escuchar el (zumbar) de las abejas que se posan de flor en flor. A lo lejos se escucha un burro que (rebuznar) .

Más gramática

Pretérito perfecto de verbos regulares

		COMPRAR	COMER	VIVIR
(Yo)	he	**comprado**	**comido**	**vivido**
(Tú)	has	**comprado**	**comido**	**vivido**
(Él/ Ella/ Ud.)	ha	**comprado**	**comido**	**vivido**
(Nosotros/as)	hemos	**comprado**	**comido**	**vivido**
(Vosotros/as)	habéis	**comprado**	**comido**	**vivido**
(Ellos/Ellas/Uds.)	han	**comprado**	**comido**	**vivido**

1 **ESCRIBE** el verbo en pretérito perfecto.

Hoy, como casi todos los días, ________ (ser) un día común, es decir, un día normal. El despertador ________ a la hora de siempre, ________ (desayunar) lo de costumbre: cereal con leche, yogur y fruta. ________ (ir) a la escuela en autobús; despúes de clases, ________ (comer) con unos amigos.

Luego ________ (enviar) unos mensajes a mi novia y todavía no ________ (recibir) su respuesta, me pregunto a mí mismo si mi novia ya ________ (ver) mis mensajes, ¿por qué no contesta? ¡Qué raro!

¿Debería preocuparme porque todavía no me ________ (responder)?

Participios regulares

-AR	-ER / -IR
-ado	-ido
Comprado	Tenido
Trabajado	Partido

2 **COMPLETA** los espacios en blanco con el infinitivo correspondiente.

Participios Irregulares	Infinitivo
Dicho	
Escrito	
Hecho	
Impreso	
Puesto	
Roto	
Visto	
Vuelto	

Participios regulares	Infinitivo
Conocido	
Comprado	
Bebido	
Recibido	

3 **LEE** nuevamente el ejercicio 1. **ESCRIBE** cuatro cosas que ha hecho hoy esa persona.

1. ________
2. ________
3. ________
4. ________

4 **COMPLETA** con pretérito perfecto o pretérito indefinido.

a. - ¡Qué bien huele! ¿Qué ________ ? (cocinar/tú).
- ________ (Hacer/yo) un pastel de chocolate.

b. - Hola, ¿qué tal? ¿Cómo has estado?
- Bien, gracias. ________ (estar/yo) cuatro meses fuera del país. En agosto y septiembre, ________ (ir/yo) a Seúl por cuestiones de trabajo, y los dos meses siguientes ________ (estar/yo) en Nueva York. Y tú, ¿cómo has estado? Te ves feliz, cuéntame.
- Lo que pasa es que mi novio ________ (pedirme/yo) matrimonio, y estoy muy ilusionada con la boda.
- ¡Qué buena noticia! ¡Felicidades!

Marcadores temporales

Hoy			
Esta	mañana tarde noche	}	he ido al cine con Carmen
Este	semana mes año	}	hemos estado en México

Luz: ¿Has estado alguna vez en México?
Paco: No, no he estado nunca.

Mónica: ¿Has comido alguna vez caldo tlalpeño?
Roberto: Sí, una vez, ¡esta semana!

5 **COMPLETA** las frases con las expresiones de tiempo adecuadas.

Mamá: ¿Has hecho ________ la tarea?
Gaby: Sí, ________ he hecho la tarea.

Laura: ¿Te has subido ________ en un submarino?
Gaby: Sí, ________ en la isla de Jeju.

Mayra: ¿Has estado ________ Vietnam?
María: No, ________ .

José: ¿Habéis probado ________ las tapas?
Miguel: Sí, ________ , cada vez que voy a España;
pero ________ he probado toda la variedad de platillos españoles.

- ya (2)
- una vez (1)
- alguna vez (3)
- varias veces (1)
- todavía no (1)
- nunca (1)

Más comunicación

ESCUCHA esta conversación y **HAZ** una lista de las cosas que ha hecho Mariana.

¿Qué ha hecho Mariana?
1.
2.
3.
4.
5.
6.
7.
8.
9.
10.

2 En parejas, **HABLA** con tu compañero sobre las cosas interesantes que has hecho en tu vida y las que todavía no has realizado.

-Este verano he ido al Caribe y me he tirado de un paracaídas, es algo muy emocionante, pero todavía no he surfeado, me dan miedo las olas. ¿Y tú? ¿Qué has hecho?

- Bueno, en mi vida yo he hecho algunas cosas interesantes; por ejemplo, me he subido a un submarino y he viajado en crucero, pero todavía no he esquiado...

PIENSA en lo que has hecho hoy y después **HABLA** con tu compañero. **DESCUBRE** qué cosas semejantes habéis hecho hoy tu compañero y tú. **ESCRÍBELO.**

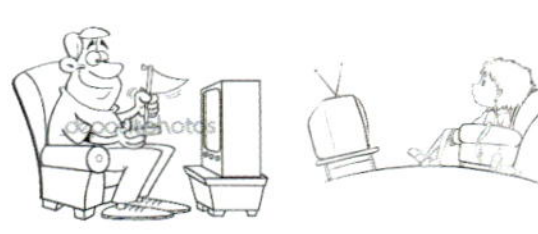

Ejemplo:
Mi compañero y yo hemos visto la televisión hoy por la mañana, él en su casa y yo en la mía.

____

____

____

UNIDAD 11

¿Pasó algo ayer?

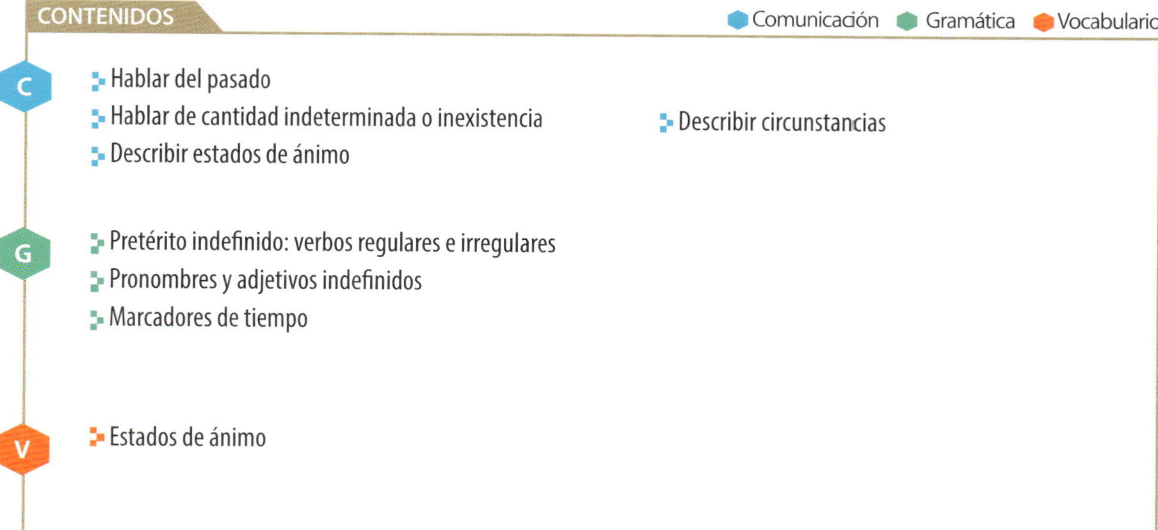

CONTENIDOS

Comunicación · Gramática · Vocabulario

C

- Hablar del pasado
- Hablar de cantidad indeterminada o inexistencia
- Describir estados de ánimo
- Describir circunstancias

G

- Pretérito indefinido: verbos regulares e irregulares
- Pronombres y adjetivos indefinidos
- Marcadores de tiempo

V

- Estados de ánimo

A ¿Qué pasó ayer?

1 ESCUCHA y LEE el diálogo.

Lucía: ¿Qué pasó ayer? ¿Por qué no viniste a la fiesta de cumpleaños de María?

Eva: Es que ayer vino mi primo de México.

Lucía: ¡Ah, qué bien! ¿Y qué hicisteis?

Eva: Primero fui a buscar a mi primo al aeropuerto. Desde el aeropuerto tomamos un tren hasta el centro de la ciudad. Visitamos las Ramblas y la Sagrada Familia.

Lucía: Qué interesante. ¿Le gustó el paseo a tu primo?

Eva: Sí. Le gustó mucho. Pero fuimos a dormir muy tarde y hoy está muy cansado. Por cierto, ¿qué tal fue la fiesta?

Lucía: ¡Ah, genial! Hablamos, comimos, bebimos, reímos hasta el amanecer... ¡Y conocí a un chico muy guapo!

2 ESCUCHA otra vez el diálogo y RESPONDE a las preguntas.

a. ¿Por qué Eva no fue a la fiesta de María?
b. ¿Qué lugares visitaron Eva y su primo de México?
c. ¿Lucía fue a la fiesta de María?
d. ¿Qué hicieron las personas en la fiesta de María?
e. ¿En qué ciudad vive Eva?

PARA HABLAR

Hablar del pasado (pretérito indefinido; verbos regulares)

	hablar	beber	salir
Yo	hablé	bebí	salí
Tú	hablaste	bebiste	saliste
Él	habló	bebió	salió

3 CONJUGA los verbos en pretérito indefinido:

1. (Levantarse) Se levantó.
2. (Ducharse)
3. (Salir) de casa
4. (Ir) a trabajar
5. (Trabajar)
6. (Comer)
7. (Ver) la TV
8. (Acostarse)

4 ESCUCHA y LEE el diálogo.

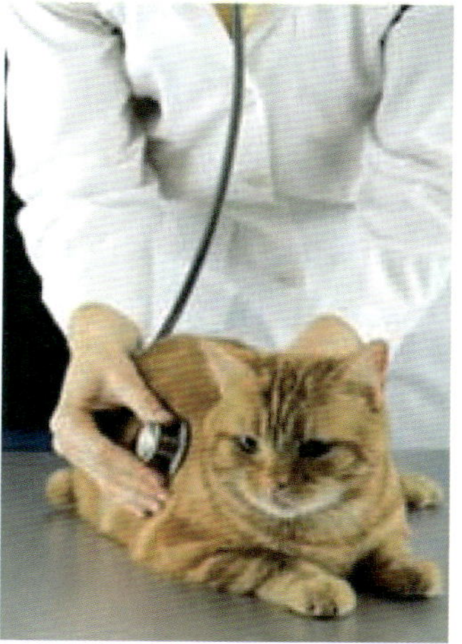

Lucía: Ayer no te vi en la fiesta de María, ¿qué te pasó?
Guadalupe: Ayer estuve muy ocupada. Fue un día horrible.
Lucía: ¿Por qué?
Guadalupe: Ayer Manso, mi gato, estuvo enfermo. Estuve en el veterinario toda la tarde.
Lucía: ¡Ay, pobre! ¡Qué pena!
Guadalupe: Sí, estuvo toda la mañana vomitando. Por eso, por la tarde lo llevé a la clínica veterinaria.
Lucía: ¿Y ahora cómo está?
Guadalupe: Bien. Ya está bien. El veterinario dijo que el problema no fue grave. Solo tuvo una reacción alérgica. ¿Y la fiesta cómo fue?
Lucía: Fue muy divertida, y conocí a alguien... Estuve hablando toda la noche con un chico muy interesante. Se llama Roberto...

5 ESCUCHA otra vez el diálogo y RESPONDE verdadero o falso.

a. Guadalupe fue a la fiesta.	☐ Verdadero	☐ Falso
b. Lucía fue a la fiesta.	☐ Verdadero	☐ Falso
c. Guadalupe es pobre.	☐ Verdadero	☐ Falso
d. El veterinario dijo que el problema del gato no fue grave.	☐ Verdadero	☐ Falso
e. Manso fue a la fiesta.	☐ Verdadero	☐ Falso

PARA HABLAR

Hablar del pasado (pretérito indefinido; verbos irregulares)

	estar	tener	hacer	ir
Yo	estuve	tuve	hice	fui
Tú	estuviste	tuviste	hiciste	fuiste
Él	estuvo	tuvo	hizo	fue

6 PRACTICA en grupo. Escribe cinco cosas que hiciste ayer. BUSCA compañeros en la clase que hicieron al menos tres acciones igual que tú y FORMA un grupo. Después, EXPLÍCALE al profesor qué cosas en común hizo el grupo.

A: Yo ayer estudié español, ¿y tú?
B: No, yo no. Yo nunca estudio español. Yo ayer jugué a fútbol.
C: ¡Ah, yo también jugué al fútbol!

B La fiesta fue un fracaso

1 **ESCUCHA** y **LEE** el diálogo. Lucía y María hablan sobre la fiesta de ayer.

Lucía:	Hola, María. ¿Cómo estás? Ayer, en tu fiesta, no estuviste muy contenta...
María:	No fue un buen día.
Lucía:	¿Por qué? ¿No te gustaron los regalos?
María:	Algunos sí, pero no recibí ninguno realmente especial.
Lucía:	Vaya, lo siento... ¿Y los invitados?
María:	Hablé con algunos amigos... pero no hablé con nadie especial.
Lucía:	Vaya. Qué pena. Yo sí disfruté mucho. Conocí a alguien...
María:	¡No quiero saber nada!

2 **ESCUCHA** otra vez y **RESPONDE** a las preguntas.

a. ¿Quién disfrutó en la fiesta de ayer?
b. ¿Ayer fue un buen día para María?
c. ¿Hubo invitados en la fiesta?
d. ¿María recibió regalos?
e. ¿Cómo está María? ¿Por qué?

PARA HABLAR

- Hablar de cantidad indeterminada o inexistencia

A: ¿Quieres algo de beber?
B: No. No quiero nada.

A: ¿Conoces a alguien en esta fiesta?
B: No, no conozco a nadie.

A: ¿Tienes algún problema, María?
B: No, no tengo ninguno.

3 **RELACIONA** estas preguntas con sus respuestas.

1. ¿Quieres un café o algo?
2. ¿Hay algún estudiante extranjero en la clase?
3. ¿Alguien sabe cuándo es la fiesta?
4. ¿Hay alguna biblioteca cerca?
5. ¿Tienes algún disco de Daddy Yankee?

A. No, no hay ninguna.
B. No, gracias. No quiero tomar nada.
C. No, profesor. No hay ninguno.
D. No, nadie lo sabe.
E. No, no tengo ninguno.

4 **ESCUCHA** y **LEE** la conversación. María habla con Roberto sobre la fiesta de Ayer.

Roberto:	María, ¿te pasa algo? Estás muy seria hoy. ¿Tienes algún problema?
María:	No, no me pasa nada.
Roberto:	Pero ayer en la fiesta no me saludaste, y hoy tienes cara de perro… ¿Hice algo mal?
María:	Ayer no te saludé porque tú estuviste hablando toda la noche con alguien…
Roberto:	¡Ah, sí! Conocí a una chica que se llama Lucía.
María:	Sí… es muy guapa, ¿no?
Roberto:	Bueno… ¡Ah, ya entiendo! ¡Estás celosa! María, Lucía es muy simpática, pero no hay nadie como tú.

 **ESCUCHA** otra vez y **PRACTICA** con tu compañero. **RESPONDE** a las siguientes preguntas.

a. ¿Cómo se siente María?
b. ¿María y Roberto son hermanos?
c. ¿Cuál es la relación entre María y Roberto?
d. ¿Roberto actuó correctamente en la fiesta?
e. ¿Crees que Lucía y María son buenas amigas?

 **OBSERVA** la imagen y **RESPONDE** verdadero o falso.

1. Hay alguien en la cama.
2. Hay algo en la cama.
3. Hay alguien en el suelo.
4. Hay algo en el suelo.
5. Hay un bebé a la derecha de la cama.
6. Hay algunos muebles en la habitación.
7. No hay nadie en la habitación.
8. No hay nada en las paredes.
9. Hay algunas personas en la casa.
10. Alguien está leyendo un libro.

C ¿Cómo estás?

1 **OBSERVA** las siguientes ilustraciones y **RELACIONA** cada imagen con un estado de ánimo.

triste • contento • enfadado • enamorado • aburrido • preocupado • sorprendido

2 **COMPLETA** las siguientes frases con el vocabulario del ejercicio anterior.

1. Hoy todos los estudiantes han llegado puntuales a clase. Estoy ______
2. Han aceptado a mi hermano en un trabajo muy importante. Estoy muy ______
3. Julián está muy ______ con sus padres porque le han quitado la moto.
4. ¿Has visto a esa chica tan guapa? Creo que estoy ______
5. No tengo nada que hacer. Estoy ______
6. Mi amigo está en el hospital. Está muy enfermo. Estoy ______
7. Ayer mi novio se fue al servicio militar. Estoy muy ______

PARA HABLAR

Describir estados de ánimo

- **Preguntar el estado de ánimo de una persona**
  ¿Qué te pasa?
  ¿Cómo estás? / ¿Cómo te encuentras?
  ¿Estás enfadado / triste / contento / preocupado…?

- **Responder**
  ***Estoy** bien / mal.*
  ***Estoy** enfadado / triste / enamorado / sorprendido…*
  ***Muy bien**, gracias. ¿Y tú?*

Describir causas y circunstancias

*Estoy contento **porque** mis calificaciones son muy buenas.*
*Estoy mal… **Es que** estoy un poco enfermo.*
*Ayer no pude dormir en toda la noche, **por eso** hoy estoy cansado.*

Más vocabulario

1 **UNE** cada adjetivo con el sustantivo y el verbo correspondientes.

Sorprendido	Alegría	Enamorar(se)
Alegre	Tristeza	Alegrar(se)
Enamorado	Amor	Sorprender(se)
Triste	Sorpresa	Entristecer(se)
Aburrido	Enfado	Enfadar(se)
Loco	Enfermedad	Preocupar(se)
Enfadado	Locura	Enloquecer
Preocupado	Preocupación	Aburrir(se)
Enfermo	Aburrimiento	Enfermar(se)

2 **UNE** cada adjetivo con su opuesto.

Nuevo	Vacío
Limpio	Viejo
Lleno	Cerrado
Abierto	Sucio
Útil	Inútil
Cómodo	Ocupado
Libre	Antiguo
Moderno	Incómodo
Ordenado	Desordenado

3 **PRACTICA** con tu compañero. **PIENSA** un sustantivo para cada una de las palabras del ejercicio número dos. **ESCRIBE** una frase, una pregunta o un pequeño diálogo. Puedes utilizar el mismo sustantivo para varios adjetivos.

Ejemplo: Nuevo / Viejo → Portátil (laptop)

A: He comprado un portátil nuevo para jugar a videojuegos. ¿Tu portátil es nuevo?
B: No. Mi portátil es muy viejo. No puedo jugar a videojuegos con mi portátil.

Más gramática

Pretérito indefinido: verbos regulares

persona	-ar Hablar	-er Aprender	-ir Vivir
Yo	hablé	aprendí	viví
Tú	hablaste	aprendiste	viviste
Él/ella/Ud.	habló	aprendió	vivió
Nosotros/as	hablamos	aprendimos	vivimos
Vosotros/as	hablasteis	aprendisteis	vivisteis
Ellos/as/Uds.	hablaron	aprendieron	vivieron

Pretérito indefinido: verbos irregulares

Infinitivo	Pretérito indefinido
Decir	dije, dijiste, dijo, dijimos, dijisteis, dijeron
Estar	estuve, estuviste, estuvo, estuvimos, estuvisteis, estuvieron
Hacer	hice, hiciste, hizo, hicimos, hicisteis, hicieron
Ir	fui, fuiste, fue, fuimos, fuisteis, fueron
Poder	pude, pudiste, pudo, pudimos, pudisteis, pudieron
Ser	fui, fuiste, fue, fuimos, fuisteis, fueron
Tener	tuve, tuviste, tuvo, tuvimos, tuvisteis, tuvieron

1 **CONJUGA** los verbos en pretérito indefinido.

a. Ayer ______ (ir) a una fiesta. ______ (comer), ______ (beber), ______ (bailar) y ______ (cantar) hasta el amanecer.
b. Desde que tú ______ (irse) estoy muy triste.
c. Ayer ______ (hablar) con el profesor, y me ______ (decir) que los estudiantes ______ (hacer) el examen muy mal.
d. Mi amigo ______ (enfadarse) conmigo porque no le ______ (invitar) a mi fiesta.
e. ¿Ustedes ______ (ir) a la fiesta de María? Yo no ______ (poder) ir porque mi gato ______ (estar) muy enfermo.
f. Ayer no ______ (hacer) nada. ______ (estar) aburrido en casa todo el día.

Normalmente usamos el pretérito indefinido con marcadores temporales como:

Ayer
El mes pasado
La semana pasada
El año pasado — ***viajé** a Puerto Rico.*
El fin de semana pasado
Hace dos años
El cinco de julio de 1985

2 **COMPLETA** las oraciones con el pretérito indefinido o el pretérito perfecto.

a. Ayer ______ (ver) una película en 3D.
b. El miércoles pasado el profesor ______ (hacer) una clase muy divertida, pero la clase de hoy ______ (ser) un aburrimiento total.
c. La selección española ______ (ganar) el mundial de fútbol en el año 2010.
d. En mi vida ______ (ver) muchas cosas.
e. Este mes ______ (ser) horrible.
f. Hoy ______ (conocer) al hermano de mi amigo. Él me ______ (decir) que quiere jugar a fútbol con nosotros.
g. Ayer, en la clase de historia, nosotros ______ (estudiar) que, en el año 1942, Cristóbal Colón ______ (descubrir) América.
h. – ¿Tú alguna vez ______ (ver) un coyote?
– No, nunca lo ______ (ver). Pero en mi pueblo una vez ______ (ver) un zorro.

3 **COMPLETA** las frases con las palabras del recuadro.

Pronombres y adjetivos indefinidos

ALGO
Tengo algo para ti.
ALGUIEN
¿Alguien sabe tu secreto?
ALGÚN, ALGUNO (-A/-OS/-AS)
¿Tienes algún problema?
Algunos estudiantes no estudian.
Algunas personas son malas.

NADA
No quiero nada.
NADIE
Nadie sabe mi secreto. Solo tú.
NINGÚN, NINGUNO (-A/-OS/-AS)
No tengo ningún problema

a. María se fue de la fiesta sin decir ______. Creo que tuvo ______ problema.
b. Necesito decirte ______, pero no puedes contárselo a ______
c. No tengo miedo a ______ ni a ______
d. En el mundo hay mucha gente, pero no hay ______ como tú.
e. Hay ______ que me gusta de ti.

Más comunicación

1 **ESCUCHA** este testimonio y **RESPONDE** las preguntas.

a. ¿Qué es "la mili"?
b. ¿Dónde hizo la mili el hombre que habla?
c. ¿Cuánto tiempo duró el servicio?
d. ¿El señor tiene buenos recuerdos de la mili?
e. ¿La mili es obligatoria en España?

2 **PRACTICA** en grupo. **RESPONDE** a estas preguntas y **COMENTA** con tus compañeros. Después, **COMENTA** las respuestas del grupo con el resto de la clase.

a. ¿En tu país hay mili? ¿Es obligatoria?
b. ¿Has hecho la mili? ¿Algún amigo, familiar o conocido tuyo ha hecho la mili? ¿Quieres hacerla?
c. ¿Pueden hacer la mili los hombres y las mujeres?
d. ¿Qué opinas de la mili?

3 **PRACTICA** en grupos. **ESCOGE** un personaje famoso hispanoamericano y **BUSCA** información sobre él/ella. **PREPARA** una pequeña presentación en grupo.

Ejemplo:

"José Alberto Mujica Cordano

***Nació** en 1935, en Montevideo, la capital de Uruguay.*
En 1956 entró en el partido político Partido Nacional.
En 1962 dejó el partido y creó otro partido, Unión Popular.
Pero no tuvo éxito.
*Durante la dictadura de Uruguay, **estuvo** quince años en la cárcel.*
***Fue** presidente de Uruguay desde 2010 hasta 2015.*
***Fue** un presidente con ideas muy poco comunes*
Actualmente es senador de la república de Uruguay".

UNIDAD 12

De viaje

CONTENIDOS

Comunicación · Gramática · Vocabulario

C

- Medios de transporte
- Expresar la distancia con objetos
- Describir posesiones
- Comparaciones
- Pedir y dar información del tiempo atmosférico

G

- Adjetivos demostrativos
- Pronombres posesivos
- Estructuras comparativas
- Verbos impersonales: *llover, nevar, etc.*

V

- Viajes en avión
- Tipos de equipaje y de hospedaje
- Instalaciones y servicios hoteleros
- El clima y el tiempo atmosférico

¿Turista o primera clase?

ESCUCHA y **LEE** el diálogo. Martín planea viajar a Lanzarote con Amaya, su mujer, de vacaciones. Llama a una agencia de viajes para comprar dos billetes de avión.

Operadora: Agencia de viajes Última décima. ¿En qué puedo ayudarle?
Martín: Quería dos billetes de avión Valencia-Lanzarote. De ida y vuelta, por favor.
Operadora: ¿Valencia en España o en Venezuela?
Martín: ¿Eh? … En España.
Operadora: Entendido. ¿Cuándo desean ir?
Martín: El seis de agosto.
Operadora: ¿Y cuándo quieren volver?
Martín: El 14 del mismo mes.
Operadora: De acuerdo. ¿En clase turista o en primera?
Martín: En turista.
Operadora: Hay vuelos desde 447 hasta 3.918 euros por persona, tasas incluidas. ¿Qué precio desean?
Martín: El más barato, por favor.
Operadora: Por 447 euros tienen un vuelo de la aerolínea Iberoazar que hace escala en Madrid. Entre un vuelo y otro hay dos horas y media. ¿Les reservo asiento?
Martín: Sí, gracias. ¿A qué hora sale y llega el avión a la ida?
Operadora: Sale a las 19:30 de Valencia y llega sobre las 00:30 a Lanzarote, hora local.
Martín: … Bueno.
Operadora: Pues vamos con los datos personales y bancarios…

2 RELACIONA las oraciones de la izquierda con los temas de la derecha.

a. ¿Cuándo desean ir?
b. El más barato, por favor.
c. ¿A qué hora sale y llega el avión a la ida?
d. Quería dos billetes de avión Valencia - Lanzarote.
e. ¿Y cuándo quieren volver?
f. En turista.
g. El seis de agosto.

1. NÚMERO DE VIAJEROS
2. ORIGEN
3. DESTINO
4. FECHA DE IDA
5. FECHA DE VUELTA O REGRESO
6. CLASE
7. PRECIO
8. HORARIO

PARA HABLAR

Preguntar y responder sobre medios de transporte

A: ¿Qué vuelos hay esta noche para Barcelona?
B: Hay un vuelo cada hora y media.

A: ¿A qué hora sale el último vuelo del día?
B: A medianoche.

3 PRACTICA con tu compañero. Un estudiante es el operador de una agencia de viajes y el otro es un cliente. El cliente inventa el número de viajeros, origen, destino, fechas y clase. El operador puede usar el sitio web de una agencia de viajes en español con su móvil.

Estudiante 1

1. Saludas.
3. Preguntas las FECHAS DE IDA Y VUELTA.
5. Preguntas por la CLASE.
7. Preguntas sobre los PRECIOS.
9. Preguntas sobre los vuelos y HORARIOS.

Estudiante 2

2. Saludas.
4. Informas sobre las FECHAS DE IDA Y VUELTA.
6. Informas sobre la CLASE.
8. Informas sobre los PRECIOS.
10. Informas sobre los vuelos y HORARIOS.

ESCUCHA y **LEE** el diálogo. Es seis de agosto y Martín y Amaya están en el aeropuerto de Valencia para tomar su avión a Lanzarote.

Amaya: ¡Corre, que ya son las seis y media! Llegamos tarde y vamos a perder el vuelo.
Martín: Sí, sí, ya corro. [...] Perdone, ¿puede decirnos dónde está el mostrador de Iberoazar?
Empleado: Sí, claro, es aquel del fondo, el de color negro. [...]
Martín: Buenas tardes, ¿este es el mostrador de facturación de clase turista?
Azafata: Sí, es este. ¿Esas son sus maletas?
Martín: Sí, estas dos son nuestras. Las mochilas no las vamos a facturar.
Azafata: De acuerdo. Aquí tienen pegatinas para su equipaje de mano.
Amaya: Gracias. ¿Hay asientos libres junto a alguna salida de emergencia?
Azafata: Sí, quedan justo dos, uno de ventana y otro de pasillo.
Amaya: ¡Qué bien!
Azafata: Sí, pero creemos que hay retraso a causa de la tormenta.
Amaya: ¿Ah, sí? ¿Y sabe cuánto tiempo se va a retrasar la salida?
Azafata: Aproximadamente hora y media. Bueno, aquí tienen sus billetes y las tarjetas de embarque. La puerta de embarque es la 7A y la hora estimada de salida del vuelo, las 21:00.
Martín: ... Gracias.

ESCUCHA otra vez el diálogo y **RESPONDE** verdadero o falso. **CORRIGE** la información equivocada.

a. El empleado está lejos del mostrador de Iberoazar.	☐ Verdadero	☐ Falso
b. Martín y Amaya facturan dos mochilas.	☐ Verdadero	☐ Falso
c. Amaya y Martín llevan dos maletas de equipaje de mano.	☐ Verdadero	☐ Falso
d. La azafata no da ningún asiento de ventana a Martín y Amaya.	☐ Verdadero	☐ Falso
e. El vuelo va a salir más o menos una hora y media tarde.	☐ Verdadero	☐ Falso

RELACIONA las fotos con los nombres de distintos tipos de equipaje.

1

2

3

4

a. La bolsa
b. El maletín
c. La mochila
d. La maleta

MIRA la imagen y el recuadro de debajo. Después, **COMPLETA** el diálogo con las palabras de la imagen y **CONTESTA**: ¿Qué mochila de las tres se parece a la mochila de Encarnación?

aquella

esa

esta

Mi → mío/-a; Mis → míos/as.
Tu → tuyo/-a; Tus → tuyos/as.
Su → suyo/-a, o de él/ella/ellos/ellas/usted/ustedes;
Sus → suyos/as, o de él/ella/ellos/ellas/usted/ustedes.

Ejemplo: Esta es su mochila. = Esta mochila es suya. = Esta mochila es la suya. = Esta mochila es de él/ella/ellos/ellas/usted/ustedes.

– ¿Te gusta la mochila?
– ¿Qué mochila? ¿ roja, gris y negra con varias cremalleras?
– No, gris y azul con una botella.
– Ah, sí me gusta. Pero prefiero que parece antigua, con correas de cuero.
– ¿Esa? Me recuerda a la mochila de mi compañera Encarnación. La suya también es de estilo clásico y muy bonita. Tienes razón. Su mochila es preciosa.

¿Cuál es la mochila de Encarnación? ¿Esta, esa o aquella?

B ¿Dónde están nuestras maletas?

1 **ESCUCHA** y **LEE** el diálogo. Amaya y Martín han llegado al aeropuerto de Lanzarote y ahora buscan sus maletas en la cinta de equipaje.

Amaya: Mira, ya salen las maletas.
Martín: Sí, ¡por fin!
Amaya: [...] Creo que esa roja es la mía. [...] Sí, ya está aquí; esta es la mía. Además, tiene la etiqueta con mi nombre.
Martín: ¡Qué suerte! Yo no veo la mía todavía. [...] ¡Ah! ¿No es aquella marrón oscuro?
Amaya: No, la tuya es más grande que aquella. Además, la tuya es blanda y de cuero.
Martín: Es verdad, es que hoy no llevo las gafas. ¿Ves alguna maleta como la mía?
Amaya: No, todavía no veo ninguna.
Martín: ¡Vaya!
Amaya: [...] Ahora sí; esa con clave y candado en el cierre.
Martín: [...] Sí, esta es. ¡Aleluya!
Amaya: ¡Qué exagerado! Esta vez el equipaje no ha tardado tanto como en nuestro último viaje.
Martín: No sé qué decirte...

2 **ESCUCHA** otra vez y **ELIGE** la respuesta correcta.

a. ¿Dónde ve Amaya su maleta al principio? ☐ A media distancia. ☐ A su lado.
b. ¿Qué maleta encuentran antes? ☐ La de Amaya. ☐ La de Martín.
c. ¿Cómo es la maleta de Amaya? ☐ Grande y de cuero. ☐ De color rojo.
d. ¿Cómo es la maleta de Martín? ☐ Dura y con ruedas. ☐ Con clave.
e. ¿Cómo confirma Amaya que la roja es su maleta? ☐ Por la marca comercial. ☐ Por la etiqueta.

MIRA el diagrama y el recuadro de la derecha, y **COMPLETA** las oraciones con las palabras de ambos lugares.

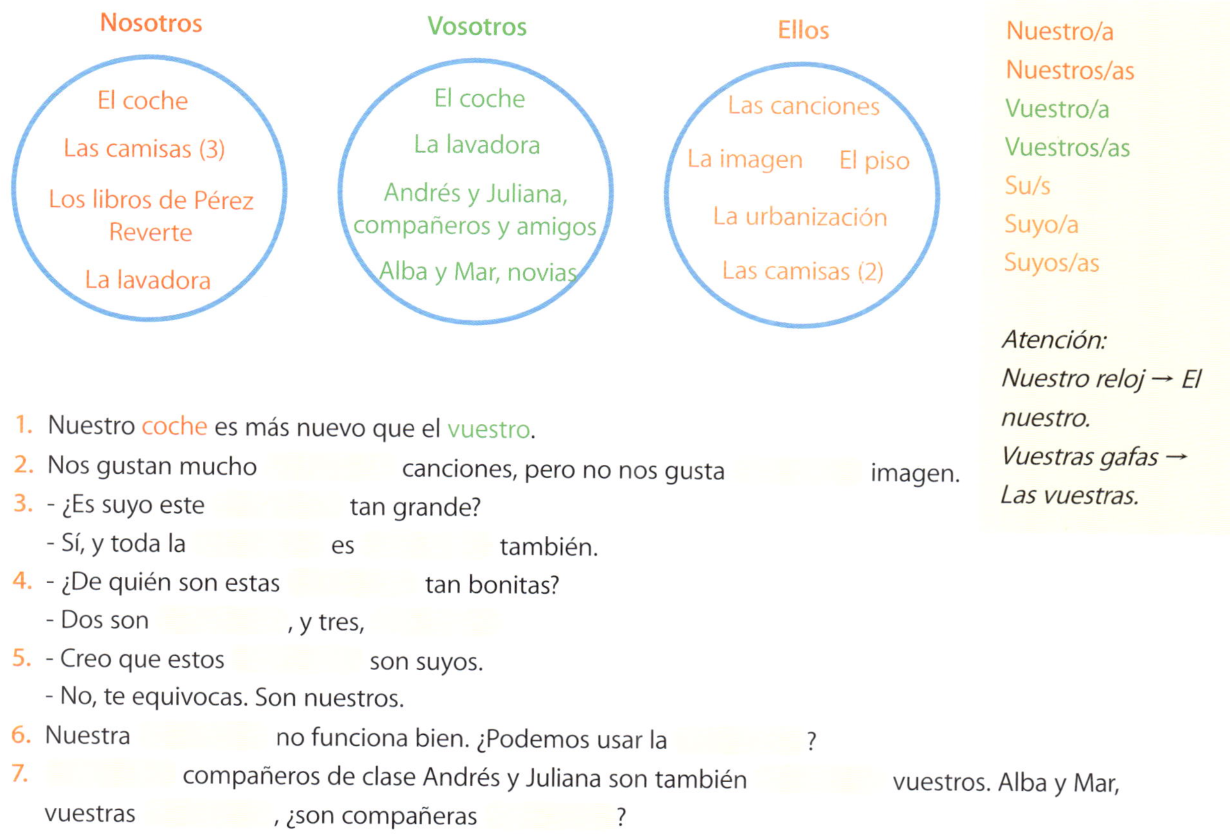

1. Nuestro coche es más nuevo que el vuestro.
2. Nos gustan mucho ______ canciones, pero no nos gusta ______ imagen.
3. - ¿Es suyo este ______ tan grande?
   - Sí, y toda la ______ es ______ también.
4. - ¿De quién son estas ______ tan bonitas?
   - Dos son ______, y tres, ______
5. - Creo que estos ______ son suyos.
   - No, te equivocas. Son nuestros.
6. Nuestra ______ no funciona bien. ¿Podemos usar la ______?
7. ______ compañeros de clase Andrés y Juliana son también ______ vuestros. Alba y Mar, vuestras ______, ¿son compañeras ______?

Martín y Amaya ya han salido del aeropuerto. Ahora tienen que decidir en qué hotel van a hospedarse. Martín prefiere un hotel y Amaya prefiere otro. **LEE** la información de los dos hoteles.

Hotel Manrique * (1963)**

Servicios:

Básicos: aparcamiento exterior, aire acondicionado, admite tarjeta de crédito.

Comidas: bar-cafetería. Restaurante y comedor: solo desayuno y comida; accesible para minusválidos.

En habitaciones: TV por cable, ordenador y conexión a Internet, secador de pelo y minibar.

Extras: Cerca del transporte público, cambio de moneda. Situado a 100 metros de la playa.

Seguridad: escalera de emergencias.

Actividades deportivas: alquiler de bicicletas.

Tarifas:

Habitación doble: 90 euros/día (media pensión); 120 euros/día (pensión completa).

Habitación sencilla: 75 euros/día (media pensión); 90 euros/día (pensión completa).

Nº habitaciones: 37.

Hotel Castillo ** (1992)**

Servicios:

Básicos: aparcamiento cerrado gratuito, terraza con jardín, ascensor, aire acondicionado, admite tarjeta de crédito.

Comidas: bar-cafetería, restaurante y comedor.

En habitaciones: Habitaciones con salón y climatizadas, TV por cable, ordenador y conexión a Internet (wifi gratis), *jacuzzi*, minibar y caja fuerte.

Extras: Tienda de regalos, piscina, sauna, cambio de moneda, custodia de valores. Situado a 100 metros de la playa.

Seguridad: Sistema antiincendios y escalera de emergencias.

Actividades deportivas: tenis, *windsurf* y parapente.

Tarifas:

Habitación doble: 215 euros/día (media pensión); 285 euros/día (pensión completa).

Habitación sencilla: 120 euros/día (media pensión); 165 euros/día (pensión completa).

N: habitaciones: 109.

LEE otra vez la información de los dos hoteles y **COMPLETA** la conversación entre Amaya y Martín. **ESCRIBE** "Manrique" o "Castillo" en cada espacio vacío y **JUSTIFICA** tus elecciones.

Amaya: Yo prefiero ir al Hotel ______ porque es más cómodo que el otro. ¿Tú cuál prefieres?
Martín: Pues yo prefiero quedarme en el ______, que es menos caro que el ______
Amaya: Ya, pero el ______ es mejor que el ______; tiene más estrellas que el otro.
Martín: ¡Da igual! Además el ______ está tan cerca de la playa como el ______
Amaya: Bueno, pues tú te hospedas en un hotel, y yo, en el otro.
Martín: ¡Prfff! Vamos al Hotel Castillo, anda.

PARA HABLAR

Comparar

Aerolínea Breviavia:
Precio del billete de adulto: 447 euros
Hora programada de salida: 19:30
Hora efectiva de salida: 19:45

Aerolínea Iberoazar:
Precio del billete de adulto: 447 euros
Hora programada de salida: 19:30
Hora efectiva de salida: 21:00

La aerolínea Breviavia es **tan** barata como Iberoazar =
= La aerolínea Breviavia es **igual** de barata **que** Iberoazar

La aerolínea Breviavia es **más** puntual **que** Iberoazar

La aerolínea Iberoazar es **menos** puntual **que** Breviavia
= La aerolínea Iberoazar no es **tan** puntual **como** Breviavia
(se prefiere esta última fórmula a la anterior).

6 **HABLA** y **PRACTICA** con tu compañero. **LEE** de nuevo la información de los dos hoteles y **COMPARA** entre ellos siguiendo las instrucciones.

1. **Compara** con "antiguo" o "moderno": *El Hotel Manrique* es **más** *antiguo* **que** *el Hotel Castillo porque…*
4. **Confirma** la comparación.
5. **Compara** con "sencillo" o "lujoso".
8. **Confirma** la comparación.
9. **Compara** con "tranquilo" o "ruidoso".

2. **Confirma** la comparación de tu compañero: *Sí, es verdad, el Hotel Castillo* **no** *es* **tan** *antiguo* **como** *el Hotel Manrique*.
3. **Compara** con "grande" o "pequeño".
6. **Confirma** la comparación.
7. **Compara** con "seguro" o "inseguro".
10. **Confirma** la comparación.

Ahora, con tu compañero, **HABLAD** y **DECIDID** cuál de los dos hoteles preferís.

C ¡Qué tiempo más raro!

Es temporada alta, y Amaya y Martín no han encontrado habitación en ningún hotel. Van a dormir en un *camping y* necesitan saber el tiempo. Martín habla con el encargado. **LEE** el cuadro, **ESCUCHA** y **COLOCA** los iconos en su lugar del mapa.

Hablar del tiempo

- ¿Qué tiempo hace?
1 - Hace calor.
- Hace frío.
- Hace sol.
- Hace viento.
- Está nublado/Hay nubes
- Llueve/Hay lluvia
- Nieva/Hay nieve

RELACIONA los elementos de la izquierda con los de la derecha.

a. Hace
b. Está
c. Estamos a
d. Hay

1. sol
2. viento
3. lloviendo
4. 32º
5. nublado
6. cinco bajo cero
7. nubes
8. lluvia

HABLA con un compañero y **RESPONDE** a la siguiente pregunta:
¿Qué tiempo hace hoy? **PROPORCIONA** toda la información que puedas.

3 **CONVERSA EN GRUPOS** de cuatro estudiantes sobre el tiempo de Corea. Cada uno está en un punto cardinal del país. Primero, **ESCRIBE** en la tabla qué tiempo hace. Luego, **PREGUNTA** y **RESPONDE** a un compañero como en el ejemplo, **ESCUCHA** y completa la tabla.

Estudiantes NORTE y SUR

1. ¿Qué tiempo hace hoy en el este/oeste?
4. En el norte/sur (de Corea) hace/está/ estamos a/hay…
5. Y pasado mañana, ¿qué tiempo va a hacer en el este/oeste?
8. Pasado mañana, en el norte/sur va a hacer/va a estar/vamos a estar a/va a haber…

Estudiantes ESTE y OESTE

2. En el este/oeste (de Corea) hace/está/ estamos a/hay…
3. Y en el norte/sur, ¿qué tiempo hace?
6. En el este/oeste, pasado mañana va a hacer/va a estar/vamos a estar a/va a haber…
7. Y en el norte/sur, ¿qué tiempo va a hacer pasado mañana?

	Temperatura	Viento	Sol	Nubes	Lluvia	Nieve
	Hoy / Prv.	Hoy / Prv.	Hoy / Prv.	Hoy / Prv.	Hoy / Prv.	Hoy / Prv.
NORTE	27º / 31º					
SUR						
ESTE						
OESTE						

Más vocabulario

1 **MIRA** la tarjeta de embarque y **COMPLETA** con los datos que te piden.

IBERIA

Tarjeta de embarque (Boarding Pass)

EJEMPLAR PASAJERO / PASSENGER ISSUE

Nombre/Name DELGADOVONEITZEN/C

De/From Madrid, Terminal 4

A/To Zaragoza

Vuelo/Flight	Clase/Class	Fecha/Date	Salida/Time
IB8582	O	09 Aug	22:00

Puerta/gate	Embarque/Boarding	Asiento/Seat
K	21:30	5F

Nº Embarque/Boarding Number 002

Nº Billete/Ticket Number ETKT0752327165131

auto check-in online

CONSERVE ESTA TARJETA HASTA SU DESTINO FINAL (KEEP THIS CARD UP TO YOUR FINAL DESTINATION)

IBERIA

Tarjeta de Embarque (Boarding Pass)

IB 14701866

Nombre / Name DELGADOVONEITZEN/C

DE/FROM Madrid, Terminal 4

A / TO Zaragoza

IBERIA LÍNEAS AÉREAS

VUELO/FLIGHT	CLASE/CLASS	FECHA/DATE	SALIDA/TIME
IB8582	O	09 Aug	22:00

PUERTA/GATE	EMBARQUE/BOARDING	ASIENTO/SEAT
K	21:30	5F

a. Nombre del pasajero:
b. Número de vuelo:
c. Compañía aérea:
d. Puerta de embarque:
e. Hora de embarque:
f. Hora de salida:
g. Asiento:
h. Origen:
i. Destino:

2 **RELACIONA** las palabras de la izquierda con su significado.

a. Piloto
b. Cinturón de seguridad
c. Puerta de embarque
d. Asiento
e. Despegar
f. Aterrizar

1. Sitio por donde se llega al avión.
2. Lo hacen los aviones al principio del viaje (ascender).
3. Persona que maniobra un avión.
4. Utilizado para no moverse del asiento en un medio de transporte.
5. Donde se sienta el viajero.
6. Lo hacen los aviones al final del viaje (descender).

3 **ORDENA** las acciones en un aeropuerto y **RELACIÓNALAS** con las frases de debajo.

- [ ] Enseñar la tarjeta de embarque y el pasaporte o documento oficial de identidad.
- [ ] Facturar en el mostrador de la aerolínea.
- [ ] Sentarse en el asiento asignado del avión.
- [ ] Pasar el control de seguridad.
- [1] Ir al mostrador de la aerolínea.
- [ ] Recoger el equipaje en el aeropuerto de destino.
- [ ] Ir a la puerta de embarque.

- [ ] Última llamada para los pasajeros del vuelo Iberoazar 864 con destino Lanzarote. Embarquen urgentemente por la puerta D 19.
- [ ] –Ponga todos sus objetos metálicos y su portátil en las bandejas. El cinturón también. –De acuerdo.
- [ ] –¿Me puede enseñar su pasaporte, por favor? –Sí, claro.
- [ ] –¿Prefiere ventana o pasillo? –Ventana, por favor. Me gusta ver el paisaje.
- [ ] –Perdone, mi asiento es el 11A y el suyo es el 11B. –¡Ah! Tiene usted razón. Lo siento.
- [ ] –Esta bolsa grande y negra es la tuya. –Sí, lleva la etiqueta con mi nombre y dirección.
- [1] –Disculpe, ¿sabe dónde está el mostrador de *Breviavia*? –Sí, es ese a la derecha.

Más gramática

Adjetivos y pronombres demostrativos

	Masculino		Femenino	
	Singular	Plural	Singular	Plural
Cerca del hablante (aquí)	este	estos	esta	estas
A una distancia intermedia del hablante (ahí)	ese	esos	esa	esas
Lejos del hablante (allí)	aquel	aquellos	aquella	aquellas

FÍJATE en el contexto de las oraciones y **MARCA** el demostrativo adecuado en ellas.

a. (Julián está bebiendo cerveza).
b. (Julián y María están haciendo turismo y ven un monumento muy lejos).
c. (Julián y María están viendo móviles en una tienda. María tiene un móvil X en la mano y Julián tiene otro Y).
d. (María, en su casa, le está enseñando su ropa a Paula. Paula se prueba una camisa de María).
e. (Julián va con Alberto y señala a dos chicas que ven a mucha distancia).
f. (Alberto invita a Julián a pasteles en su casa. Alberto saca dos pasteles de la nevera).

a. Julián: **Esta**/esa/aquella cerveza me encanta. ¿La has probado?
b. Julián: ¿Quieres ir a este/ese/aquel monumento?
c. María: ¿Qué móvil prefieres, este / ese / aquel X o este / ese / aquel Y?
d. María: ¿Te gusta esta/esa/aquella camisa? Es un regalo de Julián.
e. Julián: Mira, Alberto, estas/esas/aquellas chicas son Andrea y Palmira, mis amigas.
f. Alberto: Estos/esos/aquellos pasteles están muy buenos. Los ha hecho mi madre.

LEE las oraciones y **MARCA** a qué se refieren estos demostrativos.

a. **Aquellas** no me gustan.
b. Déjame **este**.
c. ¿Son **esas**?
d. **Esos** son tuyos, y **estas** mías.
e. **Esta** es más cómoda.
f. **Ese** fue mejor que **aquel**.

a. calcetines	gorro	**zapatillas**	cinturón
b. bolígrafo	hojas	carpeta	cuadernos
c. hombre	mujer	personas	amigos
d. mochila	bolsas	maleta	maletines
e. casa rural	albergue	parador	hostal
f. semana	meses	año (2011)	año (2001)

Adjetivos posesivos (varios poseedores)

			Poseedores		
			Nosotros/as	Vosotros/as	Ellos/ellas Uds.
Persona u objeto poseído	Masculino	Singular	nuestro	vuestro	su
		Plural	nuestros	vuestros	sus
	Femenino	Singular	nuestra	vuestra	su
		Plural	nuestras	vuestras	sus

Pronombres posesivos (uno y varios poseedores)

			Un poseedor			Varios poseedores		
			Yo	Tú	Él / ella / usted	Nosotros/as	Vosotros/as	Ellos/ellas Uds.
Persona u objeto poseído	Masculino	Singular	mío	tuyo	suyo	nuestro	vuestro	suyo
		Plural	míos	tuyos	suyos	nuestros	vuestros	suyos
	Femenino	Singular	mía	tuya	suya	nuestra	vuestra	suya
		Plural	mías	tuyas	suyas	nuestras	vuestras	suyas

Mi mochila → La mía
Mis maletines → Los míos
Tu billete electrónico → El tuyo
Tus fotos → Las tuyas
Su libro → El suyo
Sus revistas → Las suyas
Nuestro vuelo → El nuestro
Nuestras toallas → Las nuestras
Vuestra habitación → La vuestra
Vuestros amigos → Los vuestros

Ejemplo:
- ¿De quién es esta mochila?
- Es mi mochila.
- Es la mía.

3 **MARCA** la forma adecuada en cada caso.

a. Este verano me voy de vacaciones a Menorca con **mi**/mía mujer.
b. Mi/mío padre y yo jugamos mucho al tenis. Es nosotros/nuestro deporte favorito.
c. –¿De quién es este reloj? –Es su/suyo. –¿De quién? –De Manuel.
d. –¿Es ese vosotros/vuestro vuelo? –No, el nuestro/nosotros es más tarde.
e. – ¿Tu/tuyo pasaporte es español o ecuatoriano? –Mi/El mío, ecuatoriano, pero el de mi/mía hija, español.
f. –¿Son suyas/sus aquellas maletas? –No, las mis/las mías son estas.
g. – ¡Qué gorra tan bonita! ¿Es tuya/de ti? –No, no es mía/mi, es de mía/mi amiga Sol, pero ahora la llevo yo.

Adjetivos y pronombres demostrativos

De igualdad (=)	tan + adjetivo/adverbio + como	El paisaje es tan maravilloso como el clima.
	igual de + adjetivo /adverbio + que	El paisaje es igual de maravilloso que el clima.
	tanto/a/os/as + sustantivo + como	Jimena visitó tantos monumentos como Rodrigo.
	verbo + tanto como	Yo no he estudiado tanto como tú.
	verbo + igual que	Yo no he estudiado igual que tú.
De superioridad (+)	más + adjetivo/adverbio + que	Este restaurante es más caro que el otro.
	más + sustantivo + que	El hotel Miramar tiene más habitaciones que el Montejo.
	verbo + más que	Ahora viajo más que antes.
De inferioridad (-)	menos + adjetivo/adverbio + que	Este viaje es menos divertido que aquel.
	menos + sustantivo + que	Yo bebo menos vino que él.
	verbo + menos que	Ella duerme menos que yo.

Comparativos irregulares

Bueno > mejor
Malo > peor
Grande (en edad) > mayor
Pequeño (en edad) > menor

Ejemplo:
Mi hermano Enrique es el mayor de la familia.

FORMA oraciones siguiendo las estructuras del cuadro anterior. **ESCRIBE** los verbos entre paréntesis en el tiempo y persona adecuados.

a. Madrid tiene (+ habitantes) **más habitantes que** Málaga.
b. Ahora (- dormir) ____________ cuando estoy de vacaciones.
c. Los españoles comen (- arroz) ____________ los coreanos.
d. La excursión de hoy ha sido (+ interesante) ____________ la de ayer.
e. Tú tienes (= contactos) ____________ yo en el móvil.
f. Ayer yo (= comer) ____________ tú en ese restaurante tailandés.
g. Mi abuela camina (- rápido) ____________ tu abuela.
h. El semestre pasado, ellos (+ estudiar) ____________ nosotros.
i. Los guías turísticos son (= amables) ____________ anteayer.

5 **COMPLETA** las oraciones comparando la información entre paréntesis. **USA** también las palabras del recuadro.

bien	calor	agua	postales	años	bañadores	simpático	dinero	rápido

a. (En Canarias hace 23º. En Madrid, 34º).
En Canarias no hace ***tanto calor como en Madrid.***

b. (Evaristo tiene 30.000 euros. Vosotros, 12.000 euros). Vosotros tenéis

c. (Mis amigos han enviado cinco postales estas vacaciones. Yo he enviado tres). Mis amigos han enviado

d. (Demetrio bebe dos litros de agua al día. Baldomero bebe uno y cuarto). Baldomero bebe

e. (Yo conduzco a 130 km/h. Mi mujer conduce a 110 km/h). Yo conduzco

f. (Tengo dos bañadores. Mi novia también tiene dos bañadores). Mi novia tiene

g. (Ramiro tiene 28 años. Clotilde tiene 37). Ramiro tiene

h. (La comida de mi madre está muy buena. La comida de tu madre, también). Mi madre cocina

i. (Mi amigo es muy simpático. Tu amigo también es muy simpático). Mi amigo es

Ahora, con un compañero, **ESCRIBE** 5 comparaciones sobre objetos/personas de la clase. **SEGUID** el ejemplo.

Ejemplo: *La profesora es mayor (en edad) que los estudiantes.*

Más comunicación

1 Amaya y Martín han vuelto de Lanzarote pero no están muy satisfechos con el viaje. Amaya busca ahora ofertas web para viajar en su otra semana de vacaciones de verano. **LEE** estas dos ofertas de viaje y **COMPLETA** los espacios en blanco con las palabras del recuadro de abajo.

1. Madrid – Buenos Aires: ida y vuelta, 1. 214 euros

Vuelo en la ____________ *Atlante* (bajo coste) + Hotel Gardel **** (6 noches): 540 euros (en pleno centro de Buenos Aires). Oferta: 3 días de alquiler de ________ gratis en Buenos Aires.

CONDICIONES:
Escala en Nueva York (________ total de cada ________: 20 horas aproximadamente).
Máximo una ___________ de 21 kilos. Exceso: 6 euros por kilo.
Desayuno y comidas no incluidas en el hotel.

2. Madrid – Buenos Aires: ida y vuelta, 1.430 euros

Vuelo en Líneas Aéreas Gauchas (la primera línea aérea en vuelos de España a Argentina).
Oferta: 50 euros de productos de venta ________ del avión.
Hotel Fervor ***** (6 noches): 647 euros (frente al ____________).

CONDICIONES:
Vuelo ____________ sin escalas: 12 horas.
____________ máximo: 2 maletas de 22 kilos cada una. Exceso: 150 euros cada maleta adicional.
Desayuno en hotel incluido.

duración aeropuerto equipaje a bordo coche aerolínea maleta directo vuelo

2 Amaya llama por teléfono para informarse sobre uno de los viajes. **ESCUCHA** y **DI** de qué viaje de los dos están hablando. Luego, **ESCUCHA** otra vez y **CONTESTA** a las preguntas.

a. ¿Los precios que dice Amaya son correctos? ¿De qué viaje son los precios que dice Amaya?

b. ¿A Amaya le interesa la oferta del alquiler del coche? ¿Por qué sí o por qué no?

c. ¿El hotel tiene restaurante? ¿Cuáles son las condiciones del restaurante?

d. ¿A qué horas sale y llega el vuelo de ida? ¿Cuánto dura el viaje de ida en total?

e. ¿Qué piensa Amaya del horario del vuelo? ¿Le gusta?

f. ¿Finalmente, Amaya quiere hacer el viaje que ha leído en Internet? ¿Por qué sí o por qué no?

g. ¿Hace Amaya una reserva de este viaje? ¿Cómo lo sabes?

PRACTICA en grupos. **BUSCAD** dos ofertas de viajes que os interesen y **PREPARAD** una presentación en la que expliquéis por qué os decidís por una de las ofertas.

Ejemplo

1. Compara los precios (caro/barato): El vuelo 1 es más barato que el 2, porque...
4. Confirma la comparación de las aerolíneas.
5. Compara los hoteles (estrellas, situación...).
8. Confirma la comparación de las ofertas.
9. Compara las escalas.
12. Confirma la comparación del tiempo de viaje.
13. Compara el equipaje máximo permitido.
16. Confirma la comparación de las comidas.

2. Confirma la comparación de los precios: Es verdad, el vuelo 1 es más barato que el 2.
3. Compara las aerolíneas (mejor/más conocida).
6. Confirma la comparación de los hoteles.
7. Compara las ofertas.
10. Confirma la comparación de las escalas.
11. Compara el tiempo de viaje.
14. Confirma la comparación del equipaje máximo.
15. Compara las comidas (más/mejor).

TRANSCRIPCIONES

UNIDAD 7 Vamos de compras

C. HACEMOS LA COMPRA: ACTIVIDAD 2, PÁGINA 86

Dependiente: ¿Es todo?
Clienta: Sí, ¿cuánto es?
Dependiente: Dos botellas de leche un euro con cincuenta, una docena de huevos, dos euros con veinte; tres barras de pan, un euro con noventa y cinco; un kilo de tomates, dos euros con sesenta y ocho; un paquete de galletas, un euro con veinte; tres latas de atún, tres euros con ochenta y tres; un cuarto de queso, tres euros con cincuenta; un frasco de mayonesa, un euro con cincuenta y una caja de detergente, cuatro euros con noventa y nueve. Son veintitrés euros con setenta y cinco.
Clienta: Aquí tiene.
Dependiente: Gracias por su compra, hasta luego.

MÁS COMUNICACIÓN: ACTIVIDAD 1, PÁGINA 90

a. Aproveche, solo hoy treinta por ciento de descuento en todo el Departamento de Zapatería. Treinta por ciento de descuento. Aceptamos todas las tarjetas de crédito
b. Jerséis de lana para caballeros en todas las tallas y colores, veinte por ciento de descuento pagando en efectivo. Sí, escuchó bien, veinte por ciento de descuento.
c. Visite nuestras tiendas Sibel y aproveche las rebajas de fin de temporada; vestidos, faldas, blusas, ropa deportiva y zapatos. Rebajas en cualquier forma de pago.
d. Informamos a todos nuestros clientes de que con la compra de tres prendas o más, se va a llevar gratis una corbata de seda; promoción válida hasta el 7 de abril.

MÁS COMUNICACIÓN: ACTIVIDAD 2, PÁGINA 90

CONVERSACIÓN 1:

Dependiente: Buenos días, ¿puedo ayudarle?
Cliente: Sí, busco una gorra roja.
Dependiente: Tenemos estas de 15 euros, ¿qué le parecen?
Cliente: Mmm, ¿tiene otro modelo?
Dependiente: No.
Cliente: Bueno, gracias.
Dependiente: Hasta luego.

CONVERSACIÓN 2:

Clienta:	Buenos días; me da una botella de leche, un kilo de naranjas y una bolsa de azúcar.
Dependiente:	Sí, un momento... Aquí tiene.
Clienta:	¿Cuánto es?
Dependiente:	Cuatro euros con noventa.
Clienta:	Aquí está. Hasta luego.

CONVERSACIÓN 3:

Dependienta:	Dígame.
Clienta:	¿Cuánto cuesta esa blusa?
Dependienta:	¿La de rayas?
Clienta:	Sí.
Dependienta:	Treinta euros.
Clienta:	¿Puedo probármela?
Dependienta:	Sí, aquí está el probador. [...] ¿Y bien?
Clienta:	¿Tiene una talla más grande?
Dependienta:	No, es la única.
Clienta:	¡Qué lástima! Gracias.

CONVERSACIÓN 4:

Cliente:	Señor, ¿me da dos kilos de plátanos?
Dependiente:	Sí, ¿desea algo más?
Cliente:	No, es todo.
Dependiente:	Es un euro con 20.
Cliente:	Tenga, gracias.

UNIDAD 8 Invitaciones

MÁS COMUNICACIÓN: ACTIVIDAD 1, PÁGINA 100

Pamela: Mi estación favorita es la primavera, porque hay muchas flores, llueve poco y no hace mucho calor. En primavera me encanta ir de excursión con mis amigos al campo.

Óscar: Yo prefiero el otoño porque me gusta la lluvia, y también porque me encanta ver caer las hojas de los árboles. En otoño suelo quedarme en casa leyendo cuando está lloviendo afuera.

Valeria: A mí me gusta el verano porque, en verano, el cielo de mi pueblo siempre está azul y nunca tiene nubes. Además, me encantan las tormentas de verano. En verano me gusta escuchar los truenos y la lluvia de las tormentas acostada en mi cama.

Ignacio: Pues a mí me encanta el invierno porque me gusta el frío y me gustan mucho también las noches largas. A mis amigos y a mí nos encanta hacer muñecos de nieve muñecos de nieve en las frías mañanas del invierno de Burgos.

MÁS COMUNICACIÓN: ACTIVIDAD 2, PÁGINA 100

Lorenzo: Me llamo Lorenzo, tengo 38 años y soy médico. Mi trabajo es muy estresante; por eso, cuando llego a casa me gusta escuchar música clásica o leer una buena novela, por ejemplo de literatura fantástica. Los fines de semana suelo ir al cine o ver alguna exposición de pintura. ¡Ah! Y no soporto ver la televisión.

Elsa: Soy Elsa, tengo 22 años y soy estudiante. A mí me encanta bailar; por eso los sábados me gusta ir a la discoteca. También voy mucho a conciertos, porque mi novio es el cantante de un grupo de rock, canta muy bien y además toca la guitarra.

Borja: Me llamo Borja, tengo 27 años y soy músico. No tengo mucho tiempo libre. Me dedico a la música desde hace más de diez años. Toco el piano y ahora estoy aprendiendo a tocar el violín. Cuando tengo algo de tiempo, quedo con mis amigos y nos vamos de excursión al campo.

Lola: Hola, me llamo Lola. Tengo 45 años y soy profesora de Literatura. Me encanta ir a ver obras de teatro, siempre me ha gustado porque mi padre es actor. Y también, claro, leo mucho, especialmente poesía. Me encanta Lorca.

UNIDAD 9

¡Nos vamos de excursión!

RIIINNNGGG, RIIINNNGGG: ACTIVIDAD 1, PÁGINA 106

Diego: ¿Dígame?
Ángela: ¿Está Pilar, por favor?
Diego: No, no. Se ha equivocado.
Ángela: ¿No es este el 954817258?
Diego: No, es el 954817257.
Ángela: ¡Uy, perdone!
Diego: Je, je, no se preocupe.

Rosario: ¿Diga?
Ángela: ¿Está Miguel, por favor?
Rosario: Sí, un momento. ¿De parte de quién?
Ángela: De Ángela.
Rosario: Te lo paso.

MÁS COMUNICACIÓN: ACTIVIDAD 1, PÁGINA 110

Conversación 1 (Javier):

Agencia: AviSpain, le atiende Cristina, ¿en qué puedo ayudarle?
Javier: Hola, buenos días. Mi nombre es Blanca, le llamo de Madrid y llamaba porque me gustaría hacer un viaje con mi familia en Semana Santa.
Agencia: Estupendo, Blanca. ¿Le apetece ir a algún lugar en concreto?
Javier: Bueno... Me gustaría que fuera un sitio con playa y que podamos ir en coche.
Agencia: Muy bien... Pues... veamos... ¿Qué le parece Málaga? Es una buena opción porque ofrece la posibilidad de ir a la playa y de ver, si quieren, las procesiones.
Javier: ¡Me parece genial!
Agencia: Reservamos entonces del 31 de marzo al 6 de abril. Y el hotel... Hotel Miramar.
Javier: Qué bien. Disculpe Cristina, ¿y podemos contratar alguna excursión?
Agencia: Sí, por supuesto. Voy a ver qué tenemos. Blanca, si le parece, podemos contratarle la excursión del barco. Consiste en un paseo por altamar, donde se pueden ver delfines, tiburones,...
Javier: Qué gran idea. ¡Pues muchísimas gracias por todo!
Agencia: Gracias a usted.

Conversación 2 (Elena):

Agencia: AviSpain, buenas tardes, le atiende Enrique, ¿en qué puedo ayudarle?
Elena: Hola, llamo porque me gustaría hacer un viaje con dos amigas. Las tres somos muy aventureras, así que... a algún lugar donde podamos hacer turismo activo.
Agencia: En Jaén, hay un lugar donde puedes hacer de todo. Rafting, escalada, tirolina, parapente...
Elena: ¡Exacto! Eso justo es lo que estamos buscando.
Agencia: ¿Y para cuándo sería el viaje?
Elena: Je, je, je... para este fin de semana, de viernes a domingo. Un poco precipitado, lo sabemos...
Agencia: No se preocupe. Un instante y le informo en seguida de su hotel.
Elena: Vale.
Agencia: Elena, ya tienen reservado el Hotel Úbeda. Las excursiones de aventuras que le he nombrado son en el Campamento Jumping.
Elena: Ok, muchísimas gracias por todo, Enrique.
Agencia: Gracias a usted por confiar en AviSpain.

Conversación 3 (Hugo):

Agencia: AviSpain, buenos días, le atiende Alfredo, ¿qué desea?
Hugo: Hola, buenos días Alfredo. Llamo porque me gustaría organizar un viaje a Marruecos para el fin de semana del 3 al 5 de mayo.
Agencia: Ok, estupendo. ¿Viaja solo o acompañado?
Hugo: Solo. Es un viaje para desconectar y descansar más que nada.
Agencia: No es mala idea. ¿A qué zona del país le gustaría viajar?
Hugo: Mmm, Casablanca.
Agencia: Muy bien, le miro el hotel... Hotel Almedrab.
Hugo: ¡Qué bien, ya lo tengo todo!
Agencia: ¿No desea contratar alguna excursión?
Hugo: No, no... pasear tranquilo es lo único que quiero. Muchísimas gracias por todo.
Agencia: Estupendo. Muchas gracias a usted por contar con AviSpain para organizar su viaje.

UNIDAD 10 Han salido

B. ¿QUÉ HAS HECHO ESTE MES?: ACTIVIDAD 4, PÁGINA 115

Luz: ¿Has estado alguna vez en México?

Paco: No, no he estado nunca.

Luz: Yo fui a México hace tres años y me gustó mucho la comida. ¿Alguna vez has probado los tacos al pastor?

Paco: Todavía no he probado los tacos al pastor, pero ayer en la casa de una amiga mexicana, comí caldo tlalpeño, carne asada, queso fundido con chorizo, tortillas de maíz hechas a mano, una salsa muy picante hecha en molcajete y bebí una cerveza bien fría. ¡Todo estaba delicioso!

Luz: ¡Ah! ¡Qué rico!

C. ¡QUÉ INTERESANTE!: ACTIVIDAD 1, PÁGINA 116

1. A: ¿Has comprado por internet las entradas al aviario?
   B: No, lo siento, es que se me ha olvidado.
   A: Entonces tenemos que hacer fila en taquilla para comprarlas. ¡Qué rollo!

2. A: El búho es una de las aves incapaces de mover los ojos, a cambio tiene la capacidad de girar su cabeza 180°.
   B: ¡Genial!

3. A: El ave más pequeña del mundo es el colibrí, mide 5 cm de longitud y pesa 1,8 g.
   B: ¡No me digas!

4. A: Varias especies de loros viven de 40 a más de 100 años.
   B: ¡Qué interesante!

5. A: Los patos viven en todos los continentes a excepción de la Antártida.
   B: ¡Qué curioso!

6. A: ¿Sabías que los patitos nacen con los ojos abiertos y su cuerpo cubierto de plumas amarillas, y a las pocas horas son capaces de abandonar el nido siguiendo a la madre que les guiará para que se alimenten por sí mismos?
   B: ¡Ah! ¡Qué bien!

7. A: Bueno, esto es todo por hoy, es hora de cerrar el aviario.
   B: Hemos llegado muy tarde, ¡qué mala suerte!

MÁS COMUNICACIÓN: ACTIVIDAD 1, PÁGINA 120

Hoy Mariana se ha levantado a las siete y media, ha desayunado pan tostado con queso y un jugo de naranja, ha llegado a tiempo para la clase de español. Después de la clase ha ido a la oficina, ha trabajado mucho, ha revisado las tareas y ha preparado el material necesario para las clases de mañana. Ha tomado un pequeño descanso y ha llamado a su novio, le ha dicho: "Te quiero".

A las doce ha quedado con una amiga en un restaurante y ha disfrutado de una buena mesa: comida deliciosa y una compañía muy agradable. Después ha tenido que regresar a la oficina para terminar de hacer los deberes.

A las cinco de la tarde, después del trabajo, ha hecho la compra, también ha ido a una tienda de discos y ha comprado algunos cedés. Ha sido un largo día y ha llegado cansada a casa, ha tomado un baño con agua tibia y antes de dormir ha visto las noticias por televisión. Se ha dormido a las once de la noche.

UNIDAD 11 ¿Qué pasó ayer?

MÁS COMUNICACIÓN: ACTIVIDAD 1, PÁGINA 130

La mili fue muy dura. Hice muchas cosas... ¡hice de todo! Tuve que hacer la mili en Marruecos. Estuve allí dieciocho meses; es decir, un año y medio. Allí, solo, sin ver a mi familia, ni a mis amigos... Fue un infierno. El sargento fue muy estricto conmigo todo ese tiempo. Tuve que trabajar en la cocina, limpiar el cuartel... Y lo peor fueron las prácticas de combate. Con lluvia, con calor... tuve que hacer mucho ejercicio, todos los días, desde las cinco de la mañana... ¡Qué suerte tenéis los jóvenes! Ahora no es así, pero yo no pude elegir.

UNIDAD 12 De viaje

¡QUÉ TIEMPO MÁS RARO!: ACTIVIDAD 1, PÁGINA 139

Martín: ¡Hola! ¿Qué tal? Hoy hace buen tiempo, ¿verdad? Hace sol, algo de calor y nada de viento.

Encargado: Sí, aquí en la costa este, estamos a 24º. Pueden ir a la playa y tomar el sol. En la costa oeste, el tiempo es diferente. Está muy nublado. Allí es mejor hacer otra cosa, como visitar lugares pintorescos.

Martín: ¿Ah, sí? ¿Y qué tiempo va a hacer pasado mañana en Tenerife? Quiero subir al Teide.

Encargado: ¡Uy! Este año está haciendo un tiempo muy raro. En las montañas del interior de Tenerife va a hacer frío, unos 12º. Además, en el pico de Teide, que es el más alto, está nevando, y la gente practica el esquí. En la costa norte hay lluvia.

Martín: ¡Vaya por Dios! ¡Qué tiempo más raro! Bueno... muchas gracias.

MÁS COMUNICACIÓN: ACTIVIDAD 2, PÁGINA 146

Amaya: ... Entonces, el vuelo cuesta 1.214 euros y el hotel 540, ¿verdad?

Agente: Eso es. Impuestos incluidos.

Amaya: Vale. Y hay una oferta, tres días de alquiler de coche gratis.

Agente: Ah, sí. Pero tiene que alquilar el coche diez días y con la oferta tiene que pagar solo siete.

Amaya: Ah, no me interesa entonces. Y el hotel, ¿no tiene restaurante o cafetería?

Agente: Sí, por supuesto. Puede hacer todas las comidas en el hotel, pero debe pagarlas aparte.

Amaya: Ya. ¿Puede decirme los horarios del vuelo?

Agente: ¡Claro! De Madrid a Buenos Aires, la salida es a las 14:45 (hora de España) y la llegada, a las 9:43 del día siguiente.

Amaya: Es decir, que salgo a las tres menos cuarto de la tarde y llego casi a las diez menos cuarto de la mañana. Son 19 horas de vuelo, con la escala en Nueva York incluida, ¿no?

Agente: Bueno, en realidad son casi 22 horas en total, pero con la diferencia de hora entre Madrid y Buenos Aires parecen menos.

Amaya: ¡Uf! Pues es un viaje muy cansado... No sé, tengo que pensarlo.

Agente: No hay problema. Adiós y buenas tardes.

Notas

COMUNICACIÓN

GRAMÁTICA

VOCABULARIO

스페인어 회화 1

초판 1쇄 발행 2020년 1월 31일
초판 2쇄 발행 2023년 8월 30일

지은이 한국외대 스페인어과
Daniel Barajas, José María Contreras,
Patricia Espinosa, Carlos Fernández,
Adriana Martínez, Francisco Romo
발행인 고윤성
기획 신선호, 박경민
편집장 장혜정
도서편집 노재은, 변다은
디자인 정정은, 김대욱, 최재영
캐릭터 변혜준
인사행정 이근영
재무회계 김문규, 정예찬
전자책 · 사전 변다은
발행처 한국외국어대학교 지식출판콘텐츠원
02450 서울특별시 동대문구 이문로 107
전화 02)2173-2494~7
팩스 02)2173-3363
홈페이지 http://press.hufs.ac.kr
전자우편 press@hufs.ac.kr
출판등록 제6-6호(1969. 4. 30)
디자인 · 편집 (주)이환디앤비 02)2254-4301
인쇄 · 제본 (주)케이랩 053)583-6885

ISBN 979-11-5901-169-6 (13770) 정가: 17,000원

*잘못된 책은 교환하여 드립니다.

HUiNE은 한국외국어대학교 지식출판콘텐츠원의 어학도서, 사회과학도서, 지역학 도서 Sub Brand이다. 한국외대의 영문명인 HUFS, 현명한 국제전문가 양성(International +Intelligent)의 의미를 담고 있으며, 휴인(携引)의 뜻인 '이끌다, 끌고 나가다'라는 의미처럼 출판계를 이끄는 리더로서, 혁신의 이미지를 담고 있다.

이 책의 음원(mp3)은 한국외국어대학교 지식출판콘텐츠원 홈페이지 (press.hufs.ac.kr) - 게시판 - 자료실에서 다운받아 사용하시기 바랍니다.